国対委員長

美
Tsujimoto Kiyomi

a pilot of wisdom

はじめに

「おい辻元、祖国に帰れ。ぶっ殺してやる」

「この紙は新型コロナです。たぶん感染したと思います。ソーリーソーリー、サクラサクラと大声を出して、あの世へ行ってください」

「これ以上、国益に尽くす安倍総理の邪魔をするのはやめたまえ」

　こうした脅迫ともとれる文が送られてくるのは、私にとって珍しいことではありません。中には、血らしきものが付着した綿やカッターの刃が入っていたこともありました。

　私はこれまで、インターネット上でデマを流され続けてきました。脅迫文の中身もそうしたデマを真に受けたものです。

　自分と意見が違う人を「敵」と見なして攻撃する。それによって社会が分断されていく。安倍政権になってから、この深刻な現象が加速しているように思います。

　私は総理大臣からも議会でヤジ（罵声）を浴びせられる存在です。それも一回だけではありません。

時には心が折れそうになります。

それでも、私は発言を止めません。

それは、なぜか？

こんな時代だからこそ、立法府の国会議員が、行政を司《つかさど》る権力者を厳しくチェックしなければならない、そうしないと三権分立が壊される、と考えているからです。


脅迫を受けるたびに、心が痛み怒りが湧いてきます。しかしある意味、私にとって脅迫よりも辛《つら》いひと言があります。

「野党がだらしないからなあ」と言われることです。

そして「自分たちが声をあげても、どうせ変わらないでしょ」と無気力になって政治に絶望し、諦めてしまう人たちの姿を見ることが一番苦しいのです。そのたびに、今の政治に対するシニカルな風潮をつくっている責任が私にもある、とこの言葉を噛《か》みしめています。

テレビのワイドショーやネットニュースなどでは、センセーショナルな場面だけが繰り返し報道され、「また野党は審議拒否をしている」「大事なことがあるのにケンカしている場合か」などと、どっちもどっちのうんざり感が増幅される傾向があります。大半の人たちは、切り取られたワンシーンだけを報道で知るというのが現状です。インターネットのフェイクニュースで、真実が捻《ね》じ曲げられて伝えられることすらあります。

なぜ、野党は審議拒否をするのか？

そこには相応の理由が、それも政治の局面を変えていくための大きく深い理由があるのです。


なぜ、平気でウソの答弁をする官僚が出世するのか。

なぜ、疑惑にまみれた総理大臣を辞めさせられないのか。

NGOスタッフだった私が、国会という「異業種」に飛び込んでから四半世紀。文化もルールも異なる政治の現場で、悪戦苦闘を続けています。この間ずっと、どうすれば政治の一見不可思議な意思決定プロセスや人間同士がぶつかり合う生々しい実態を知ってもらえるのだろうかと、伝える方法を模索してきました。

どうして、そんな結論になったのか？　誰が、どんな思いで、どんな行動をしたのか？　多くの人々にはなかなか伝えられません。

野党の国会戦術には限界があります。もともと議員数は少ないのですから、採決になったら結果は見えています。しかしそれでも国会には各種のルールがあります。ルールが遵守されたのか。そしてルールが破られたらどうなるのか。多勢に無勢の「逆境」の中で、野党はどんな手段を用い、結果にどんな影響を与えたのか。

それを知ってもらえればもっと客観的に政治をジャッジしてもらえるのではないか、と私は考えました。

「政治って、こんなふうに動いているのか」
「結果だけでなく、そこに至るプロセスに関心を持ってみよう」
「政治って、捨てたものじゃないな」

一人でも多くの人にこう思ってもらえることが「政治を変えてみよう」という力につながるのではないかしら。

そんな思いで本書を執筆している最中、予期せぬことが起こりました。政治を変える新しい動きが芽生えたのです。

「ツイッターデモ」です。

「#検察庁法改正に抗議します」という一人の投稿が拡散され、瞬く間に投稿が四七〇万件へと広がっていきました。著名な芸能人や文化人たちも声をあげました。

検察は、総理大臣をも逮捕できる唯一の機関です。その検察の人事に、時の政権が介入できるように変えようとしているのではないか？　そんな疑念が一気に広がったのです。新型コロナウイルスの蔓延《まんえん》で、多くの人が命や暮らしや仕事の不安と向き合っている渦中のことでした。いつかは世論に火がつくときがくると信じて、私たちは法案の矛盾点や答弁のウソを追及します。「時間稼ぎ」と揶揄《やゆ》されることに耐えながら、国民が立ち止まって考える「時間を生み出そう」とするのです。

検察庁法改正でも、それまでの数か月にわたる国会での論戦がなければ、政府はすんなりと「官邸の守護神」といわれる人を検察トップに据えたでしょう。一人ひとりがささやかな勇気を出してあげた声と野党の追及がシンクロすることで、権力も無視できないうねりが生まれ、政治を動かすことができたのです。

これこそが、政治を変える力です。

私は、二〇一七年一〇月から二〇一九年九月まで、野党の国会運営の責任者＝国会対策委員長（国対委員長）を務めました。国会の中と外をつないで「政治を動かす力」を生み出すために奔走してきました。まさに「七転八倒、七転八起」の日々でした。

本書は、その間の政治のトピックスを事例に、私が経験した国会での政策決定や疑惑解明のプロセスをまとめたものです。

「わずか二年で国対をわかったふうに書くな」「国対の話は墓場まで持って行け」という声が「政治のプロ」たちから聞こえてきそうです。そんなご批判やお叱りは覚悟の上で、あえて世に問うことにしました。

与野党とも第一党の女性の国対委員長は初めてです。私の「初めての国対」経験は技術も未熟で、判断も甘いことが多々あったかもしれません。しかし、そんな私だからこそ、「与党も野党もポジショントークをしているだけじゃないか」というシニカルな言説は国会を無力化させたい勢力の思うつぼなのだ、と伝えることができると思うのです。

「明日の天気は変えられなくても、明日の政治は変えられる」という思いを一人でも多くの人たちと共有するために。

そして、私たちが「分断」ではなく、「共感」でつながる新しい社会を生み出せるように。

目次

第一章　国対委員長という仕事

私が国対委員長?

「ツジモッチャン（枝野さんはこう呼びます）、国対委員長やってよ。ケンカ強そうだし」と、枝野幸男代表から唐突に「指令」がきました。二〇一七年一〇月二三日、総選挙投票日の翌日のことでした。

「私がコクタイ?」

生まれたての立憲民主党は野党第一党といえども五五議席、対する与党第一党の自民党は二八四議席。多勢に無勢で前途多難です。しかも野党は分裂状態。

新しい党をつくったばかり。何でも引き受けるしかない。前に進むしかありません。すでに国会は動き出しているのです。走りながら考えよう、と自分に言い聞かせました。

こうして、いきなり「次の特別国会をどう運営していくか」という与野党交渉の現場に放り出されることになりました。

国会対策委員長に辻元氏／立憲、政権への対決姿勢鮮明

（「朝日新聞」二〇一七年一〇月二五日）

立憲民主党は24日の両院議員総会で、辻元清美政調会長を国会対策委員長に起用する人事を了承した。来月1日に召集予定の特別国会に合わせ、政調会長の兼務を解く。政権への対決姿勢を鮮明にする人事で、安倍晋三首相がめざす憲法改正の論議にも影響を及ぼしそうだ。

辻元氏は、衆院大阪10区選出の当選7回。国会審議で「ソーリ、ソーリ」と小泉純一郎首相（当時）に食い下がり、注目された。安全保障関連法の審議では安倍首相と対峙《たいじ》した論客。巨大与党に衆院55議席で挑む野党第1党を率いる状況下、「持ち前の交渉力も含めて適任」（福山哲郎幹事長）と白羽の矢が立った。

辻元氏は9条改憲反対の急先鋒《きゅうせんぽう》でもある。野党との協調を重視した中山太郎・元憲法調査会長時代の憲法論議への回帰を主張しており、立憲抜きの発議を示唆した首相の方針

と対立しそうだ。

自民、民進両党では、民進の前身・民主党時代も含めて女性の国対委員長はいない。

この九月末から一〇月の一か月間、想像もできないような展開の連続でした。

二〇一七年九月三〇日。民進党本部の前で、待ち構えていた記者たちに囲まれた私は、自分の心の声を口に出してこう答えました。

「私は行きません」

すでに衆議院議員総選挙の投票日まで一か月を切る中、当時の民進党が分裂し、多くの議員が雪崩を打つように小池百合子さんが立ち上げた希望の党へ合流していきました。

しかし、私はこの流れになびくことができませんでした。たとえ当選しても自分が別の存在になってしまう、「辻元清美が辻元清美でなくなる」そんな感じがしたのです。

その夜、立憲民主党の代表となる枝野さんはじめ、長妻昭さん、近藤昭一さん、福山哲郎さんら、思いを同じにする仲間と集まりました。新党結成の可能性などについて夜中まで話し合ったのです。

事態は、急展開していきました。三日後の二〇一七年一〇月三日、枝野さんの呼びかけで立憲民主党が結成され、さらに一週間後の一〇日の公示日から総選挙が始まりました。私たちは背水の陣で総選挙に突き進んでいきました。

一〇月二二日、無我夢中で迎えた投票日は、蓋を開けてみてびっくり。結果は、立憲民主党は五五人が当選、希望の党は五〇人にとどまり、結党からわずか二〇日ほどで、野党第一党に躍り出たのです。

「えらいこっちゃ」

正直、私は手放しで喜ぶことができませんでした。今までにない、いばらの道を切り拓《きひら》いていかなければならないことは間違いないからです。

そして、その二日後、私は野党第一党の国対委員長に就任することになるのです。

森山国対委員長との初対面

私の国対委員長就任が報じられ、事務所に戻ると、さっそくある人が訪ねてきました。

「自民党の国対委員長を務めます森山です。これからよろしくお願いします」

自民党の森山裕《ひろし》さんが、間髪を容《い》れず「挨拶」に出向いてこられたのです。きわめて丁重な物腰でした。

「手ごわい」

保守本流の作法だ、と感心しました。

私は一九九六年、衆議院に初当選、森山さんは一九九八年、参議院に初当選。ほぼ同時期、国政の現場を歩いてきました。

森山さんは、一九七五年（私が高校一年生のとき）から一九九八年まで鹿児島市議会議員に七期連続当選、市議会議長を何度も務めたベテランの政治家です。働きながら夜間高校で勉強したという話を聞いて、世襲のボンボン議員でなくてよかったと思うと同時に、「これは、たたき上げ同士のたたかいになる」と気を引き締めました。

参議院議員時代は「参院のドン」こと青木幹雄元自民党参議院議員会長の信頼が厚く、地元では二階堂進元自民党幹事長の後を継いだという「ザ・自民党」――それが私の抱いていた、森山裕という政治家像でした。

歴代の保守政治家の薫陶を受けているということは、相手の顔も立てながら、二枚腰、三枚腰で粘って実利を取るのが上手に違いない、と警戒をしました。

就任後の初仕事は、総選挙後の特別国会の段取りを決めるための与野党国対委員長会談です。

常任委員長室という国会議事堂の中でも格式が高い部屋で、与野党の国対委員長が勢ぞろいです。

自民党の森山委員長、公明党の大口善徳《よしのり》委員長、立憲民主党の私、希望の党の笠《りゅう》浩史《ひろふみ》委員長（後に泉健太委員長）、民進党（衆議院の会派は無所属の会）の平野博文委員長、共産党の穀田《こくた》恵二委員長、社民党の照屋寛徳《かんとく》委員長、自由党の玉城デニー委員長、日本維新の会の遠藤敬《たかし》委員長。

選挙後の初めての会談は、ニュースでいっせいに報道されました。与野党の代表者がソファに座り、大きなテーブルを挟んでにらみ合う。報道のフラッシュがバシバシたかれる。読者の皆さんもテレビで見たことのある光景だと思います。

この初日のニュースはとくに女性からの反響が大きく、私自身、驚きました。

「政治の構図が変わったと実感した」

この声には、二つの意味があったと思います。一つは、立憲民主党が野党第一党になったこと。もう一つは、その第一党の国会運営の代表者の席に女性が史上初めてついたこと。

こうして私の「国対生活」がスタートしました。

今思えば、国対委員長として私の置かれた立場は、三つの点で特殊だったと思います。

一つ目は、野党が分裂してバラバラだったこと。

与野党を問わず「第一党」は、他党を代表して交渉に臨みます。そこでの合意は決定事項になりますから、持ち帰って他党から文句が出ても引き返せません。なので、与野党協議の前にはよく他党の意見を聴き、野党を取りまとめることが重要です。

これまでの野党第一党は、野党内では圧倒的多数だったので、この野党内合意形成を多少乱暴にやっても抑え込むことができました。しかしこのときの立憲民主党は第一党といってもわずか五五人。第二党の希望の党（のちの国民民主党）は五〇人でしたから、ほとんど差がありません。

しかも野党は、立憲、希望、共産、社民、自由、日本維新の会、無所属の会の六党一会派。日本維新の会は衆議院では与党寄りの傾向も強く、お誘いしませんでしたが、これをまとめなければならないのです。

コピー機の契約から議員会館の部屋割りまで

二つ目は、ほぼゼロからつくった政党が「野党第一党」になったこと。

起業したてのベンチャー企業がまずそろえるのは「人」と「場所」です。各党とも国会議事堂の二階、三階に事務室を構えて、膨大な事務が伴う国会運営を行います。なのに、総選挙の前には存在しなかった立憲民主党には、国会内に机すらなく、国会運営に関わってきたスタッフもいませんでした。

だから私が国対委員長として最初にやらねばならなかったのは、一緒に活動するスタッフを探すこと、そして国会内の「拠点」づくりでした。拠点というと格好良すぎるかもしれません。コピー機をリース契約し、インターネット回線を引き、文房具をそろえる……。「とにかく仕事できるようにしなきゃ！」という環境づくりでした（当初は「クリアファイルがない」など、そのつど売店に走りました）。

とにかく人がほしい。政党は議員だけでは何もできません。そこへ、旧民進党時代から一緒にやってきた党職員二人が「とにかくやりましょう」と駆けつけてくれました。須永英一さんと池田洋一郎さんです。

民進党が分裂し、党職員の方々もいろんな思いを抱えていたときです。また、厳しい選挙に疲れ果てていたこともあり、気心の知れた二人がまず来てくれたことは涙が出るほど嬉《うれ》しかったです。

しかし再会を懐かしむ間もなく、私たちは「六日後に野党第一党として国対を開くためのロードマップ」をつくる打ち合わせに入りました。二人は「僕らも国対は初めてです。辻元さんのやりたい国対をつくってください。僕らはそのお手伝いをします」と明るく言い、膨大な事務作業をオーバーワークぎりぎりでこなしてくれました。

池田さん、須永さんからは「ぜひ国対に詳しい先輩職員を誘ってほしい」とも言われていました。そこで、旧民主党時代から野党の国会運営を支えてきたベテランの国対職員の中山秀徳さんを拝み倒して、なんとか助けてほしい、とお願いしました。

中山さんは一度は引退したにもかかわらず、見るに見かねて戻ってきてくれることになりました。国対というのは「経験知」が何より大切です。「一六年前の通常国会で、自民党が強行採決したときに、野党が不信任案を続けて出して……」といった事例をいくつ知っているか、そこから新しい戦術をどこまでつくれるかがカギを握る、そんな世界なのです。

「生き字引」のようなベテラン職員が「軍師」としてどっしり構えていることで、私という新米委員長が仕切る立憲国対は「手ごわいかもしれない」と周囲からなめられなかったと思います。中山さんは、基本は事務所の隅に座ってカレンダーなどを眺めているのですが、何かさらさらと書いてきたメモが、局面を反転させるような奇策だったこともたびたびありました。

「これは自民党国対ならわかると思います」

与党と野党の駆け引きは、囲碁や将棋の世界と似ているのでしょう。国会法や衆議院規則や先例集などのルールに従い、互いに何手も先を読み合い、石や駒を取り合いながら、盤面をつくっていく。時に花を持たせることはあっても、最後は大局で勝つために死力を尽くす。私は彼から多くの「定石」を教えてもらいました。

彼らと知恵を合わせながら、議員会館や議員宿舎の部屋割り（こういうことも国対の仕事です）、公用車の手配、国会議員を「どの委員会に配属するか」という人事まで、特別国会が始まるまでの一週間のうちに整えなければなりませんでした。

一方で自民党の国対は専任の職員が一〇名以上、国対委員長を補佐する国会議員（国対委員長代理や副委員長など）も数十人もいるのです。マンパワーが乏しい中、衆議院から派遣される職員たちもこの状況を共有してくれて、皆フラフラになって働いてくれました。

安倍政権とたたかうには

そして何より三つ目は、「安倍政権」という異様な政権とたたかわなければならなかったことです。私に初めから要求されたのは、従来型の与野党が調整しながら進む国会運営ではなく、三権分立さえないがしろにしかねない安倍官邸との対峙だったのです。

あとにも詳しく書きますが、私は二三年間で一〇人の総理と予算委員会で議論してきました。その私から見て、この政権は異常です。

「文書主義」をとってきた日本の公務員にとって、「公文書」は神聖にして侵すべからざるものです。それを「省庁の中の省庁」といわれて権限と誇りを持ってきた財務省の職員に改ざんさせ、自殺者まで出してしまう。安倍総理と妻を守るためには何でもアリのようなのです。

トップがそうなので、閣僚や与党議員のスキャンダルが続発しても、これまでの自民党なら働いたはずの自浄作用が働かない「官邸支配」。何を言われても根拠は示さず「指摘はあたらない」「全く問題ない」と宣言すれば周囲は沈黙するという、非論理的な対応が横行していたのです。

野党の最大の役割は「行政監視」。政府の暴走を止めることが本来の使命なのです。しかし、野党は常に数で劣るために、今の国会のしくみでは政府の出した法案を止めるどころか、修正を加えることも至難の業なのです。

だから私は、自分が国会質疑に立ったときは、いかに一度の質問で急所を突けるか、と「刃」を研ぎ澄ませてきました。総理大臣と直接対峙できる予算委員会質疑の前には、数日間ほとんど寝られないことも多いのです。誰にもわかりやすい、本質をついた質問をすればメディアも取り上げるし、インターネットなどで拡散すればふだん政治に関心のない人へも「今、ここで起きていること」を届けることができる。

もちろん逆にやりこめられたり、不発だったりすれば凄《すさ》まじい批判にさらされます。さらにいえば、あまりに急所を突きすぎた場合は、国会の外で狙われる……。リスクだらけのこのたたかいを、今度は「前線の切り込み隊長」でなく、「司令官」としてかじ取りするのです。この先、どんな苦難が待ち受けているのか、身震いしながら走り続ける毎日でした。

国対は談合の温床なのか?

激突法案やスキャンダルで国会が揉《も》めるとき、ニュースで「たった今、与野党国対委員長会談が終わりました」という報道をご覧になったことはないでしょうか。薄暗い国会の廊下を、大勢の記者を引き連れた「国対委員長」がフラッシュの中で「大筋合意した、ということです」と重々しくつぶやくアレです。

また、政治家がひそひそと「あれは『国対』の判断だからさ（勘弁してよ）」と漏らすときには、当事者が死ぬまで明らかにされない権力行使の闇がある……。そんな雰囲気が醸し出されます。

そんな国会対策委員会、通称「コクタイ（国対）」が、結局のところ日々何をやっているのか、ピンとこない人は多いのではないでしょうか。「五五年体制における談合政治の温床」など、ダーティなイメージを持っている方もいるでしょう。

本来、国会運営は衆参両院の議院運営委員会（議運）の責務です。しかし、各党がいきなり議運に臨むと、各党の意見や思惑がぶつかり合って収拾がつかなくなります。そこで、国会運営の方向をあらかじめ協議するインフォーマルな組織として、各党に国対が設置されているのです。

少し歴史的な話をします。国立国会図書館の調べによれば、日本の議会史上、初めて「国会対策委員長」なる役職が登場したのは、一九四八年の第二回国会会期中とされています。当時の政権は社会党首班の片山哲内閣で、社会党中央執行委員会に国会対策委員会が創設され、正木清議員が国対委員長に就任しています。一月二八日の「読売新聞」に報じられています。

保守政党である自由党系の政党に、国会対策委員会と考えられる組織が登場するのは、一九四八年一〇月ごろ（民主自由党）とされています。ただし、設置に反対も多く、当初は党則に明記されない事実上の存在であったようです。

もう一方の保守政党である改進党系の政党では、民主党が連立派と野党派に分裂したあと、それぞれに国会対策委員会が置かれたようです。民主党野党派の後継政党である国民民主党及び改進党は、国会対策委員会を党則に明記しました。

とにかく、歴史は古いのです。

では、国対委員長はどんな役割を果たすのか。その業務と資格について、二〇〇七年一〇月二三日の「日経新聞」に次のように解説されています。

- 業務――国会運営が円滑に運ぶように、法案を提出してから成立させるまでの議事日程などを決める。
- 資格――特になし。政界の駆け引き、交渉術にたけたベテラン議員が就くことが多い。

「幹事長」は党全体の責任者、政策は「政務調査会長」、国会運営は「国対委員長」が責任を持つというのがスタンダードな政党の役割分担です。

自民党では、田中角栄、金丸信、竹下登、梶山静六……。社会党では、田辺誠、村山富市、山口鶴男……。国対は、総理大臣や党幹部への登竜門ともいわれてきました。

かつては、自民党と社会党との金丸・田辺ライン、梶山・村山ラインというように、国対委員長の属人的なパイプで政治を動かしていた時代もありました。

対立していた自民党と社会党が連立政権を組んで村山政権が誕生したときは「信じられない」と驚かれましたが、村山さんは「国対族」で、自民党とも人脈があったことが大きく作用したともいわれています。

国対委員長の条件とは

ある自民党の国対委員長経験者が、国対委員長の条件を以下のように挙げています(『エピソードで綴《つづ》る国会の100年』前田英昭、原書房)。

①国会法や先例、先例集について知識を持っていること
②衆参両院を展望する目を持っていること

③各政党の人脈関係を把握しておくこと
④どのような予算案、法案、条約が提出されるか把握しておくこと
⑤法案に軽重の順位を定め、優先すべき重要法案を見極めること
⑥各委員会の人事構成、とくに委員長と理事の配置に気を配ること
⑦各党の勢力分布を常に念頭においておくこと
⑧約束したことは守るため党内の調整をはかること

社会党の国対委員長経験者もこう語っています（同前）。

①政党間の信義を守ること
②妥協すべき案件と妥協すべきでない案件を常に区別すること
③公人と私人の区別を明らかにすること
④ペテンやハメ手は常用しないこと
⑤党内の取りまとめに努力すること

私は就任直後、この与野党の国対委員長の心得に目を通しながら、全身緊張でクラクラしていました。

国対では、「話し合い」「根回し」と称して裏で手を握り、すべてシナリオはできている。与党から野党への宴会接待攻勢、わざと与党が負ける賭け麻雀、洋服お仕立券を渡すなど、もう絶滅したと思われる典型的な「オトコの政治」がある……。そんな話も先輩議員から聞かされたことがあったのです。

しかし、これらの話は、自民党は万年与党、社会党は万年野党という役割が固定していたときの話のようです。一九九三年の細川護熙《もりひろ》非自民連立政権の誕生で「国対政治」は幕を下ろしたといわれています。選挙制度が小選挙区制に移行し、野党が政権を取る可能性が出てきたため、馴《な》れ合《あ》い政治ではなく、政権交代を賭けた、たたかいの政治へと時代とともに変わっていったのです。

今の官邸（行政）と立法府の関係を変えたい、そのためにも「クリーンでオープンな国対」に挑戦して、多くの人に国会の本当の姿を知ってもらいたい。そんなさまざまな思いを抱えて、国対委員長という仕事に取り掛かりました。

事務所の部屋割りも国対委員長の仕事

国対委員長は、国会議事堂の中にある国対事務局で多くの時間を過ごします。

政党ごとに部屋が割り当てられ、それが言わば「陣地」となります。立憲民主党の事務局は、本会議場の二階の一角が割り当てられました。かつて民進党が使っていたエリアです。そこに壁をつくり、希望の党、現在の国民民主党の事務局が隣に入りました。

自民党と公明党の事務局も、同じ二階にあります。ただ自民党は議員数が多いので、三階に国対委員長の部屋、国対委員長代理の部屋、国対副委員長の部屋、幹事長の控え室などがあります。議員数で床面積が決まるので、大政党はとにかく部屋をたくさん持っているのです。共産党の事務局は三階。野田佳彦《よしひこ》さんや岡田克也さんといった、無所属議員の小さな部屋も三階に設けられました。

私の仕事は、国会議事堂内の野党の部屋をグルグル回って、各党の意見をチューニングして一つのメロディーをつくり、国会運営の方向性や段取りを決めていくことです。

夜のニュースなどで、その日の国会の動きが放送されますが、そのすべての動きを決める責任の重い仕事です。

国対委員長の仕事は、他党との折衝だけではありません。国会運営に関連するあらゆることを調整するのが仕事です。たとえば先に述べたように、事務所や宿舎の部屋割りも国対委員会で決めなくてはなりません。落選した方には丁重かつ速やかに退去をお願いし（これは辛い仕事です）、新たに当選した方には「何号室に入ってください」と指示を出していきます。

公用車の数や、議事堂内で使用できるスペースの面積は、各党の議席数をもとにドント方式で割り当てます。床面積は不公平にならないよう正確に測って、壁がなければつくりますし、広い部屋が必要であれば壁を壊します。よく驚かれるのですが、それを選挙のたびに行っています。

野党内の調整段階で、少数政党がぎりぎり一部屋に足りなくて困ることや「野党記者クラブ」のスペースをどの政党が拠出するのかなどで揉めることがありました。そうしたときは、「野党第一党」として立憲民主党が場所を提供することにしました。

しかし、なんといっても経験がありませんので、わからないことばかりです。しかもこのとき事務局には二人の党職員しかいませんでした。

そんな私の心強い味方になってくれたのは、二〇一二年、当時の民主党が政権を手放した総選挙で惜敗し、今回の選挙で立憲民主党の議員として戻ってきた人たちです。

その中の一人、手塚仁雄《よしお》さんは野田佳彦政権で首相補佐官を務めていたベテランです。彼は議院運営委員会に詳しいので、国会対策筆頭副委員長に抜擢《ばってき》しました。

さらに、みんなの党で初代国対委員長を務めた山内康一さんには、国会対策委員長代理としてサポートしてもらうことにしました。さらに国対副委員長を数人、そして一年生議員にも国会運営を勉強してもらうという意味で国対委員長補佐として配置しました。

月曜日から金曜日まで、副委員長と補佐が当番を決めて、朝から晩まで国対事務局に詰める体制をつくりました。参議院議員の経験もある武内則男議員（のちに二代目の国対委員長代理）やＮＨＫの報道カメラマンだった岡島一正議員など、味のあるベテランたちが国対に詰め、持ち場を守ってくれました。衆議院からも職員が三名派遣され、彼らも私たちの苦しい台所事情を察して「何でもやりますから言ってくださいね」と、面倒な仕事もてきぱきこなしてくれました。

とくに私は、後述する「野党合同ヒアリング」だけでなく、院内集会を開催したり、厚生労働省に乗り込んで行ったり、国対で街頭演説と街頭アンケートを企画したりと、国会内だけで完結せずに「外へ外へ」と向かう動きをつくり続けたので、下支えをしてくれる職員は本当に大変だったろうと思います。しかし会場の設置から会合の「看板づくり」まで、みるみる手際が良くなるのを見て「このチームで、イベントプロダクションができるかもね」と笑ったこともあります。

初仕事、一か月の審議日程を勝ち取る

特別国会「所信表明なし」公算大／来月1日召集へ　野党は審議要求

（「読売新聞」二〇一七年一〇月二六日）

政府・与党は25日、特別国会を来月1日に召集し、会期を8日までの8日間とする方針を決めたが、安倍首相は所信表明演説を行わない見通しだ。年内は臨時国会の召集を見送る公算が大きく、8月の現内閣発足後、閉会中審査を除けば、本格的な国会審議を行わない状態が続くことになる。（中略）

衆院は25日、与野党の各派協議会を開いた。与野党は、与党第1党の自民党から議長候補、野党第1党の立憲民主党から副議長候補を出すことで一致した。立民や共産などの各党は、臨時国会の冒頭で衆院が解散されたことを踏まえ、実質的な国会審議の場を設けるよう求めた。立民の辻元清美国会対策委員長は「特別国会を開いて全く議論をしないとい

うことはない」と批判した。

野党は、7月に行われた学校法人「森友学園」や「加計《かけ》学園」の問題を巡る閉会中審査後も「疑念は晴れない」として、さらなる国会審議を求めている。

一方、与党側は特別国会で所信表明演説を行わない構えを崩していない。会期は来月8日までを予定しているが、トランプ米大統領の来日に伴う外交日程もあり、国会は実質3日間しか開かれない見通しだ。


私は、長年の習慣で、日々のできごとや感じたことを手帳につけています。手帳を見ると、自分がそのとき何を考えていたのかがよみがえり、ついでにそのときの苦悩までフラッシュバックしてしまうのですが……。

このころの手帳を見ると、部屋割りなどの雑用に追いまくられながら、国対委員長に就任した翌日、一〇月二五日には、早くも自民党の森山国対委員長との話し合いを行っています。私は森山さんに、次のように申し入れました。

「形式的な特別国会ではなく、臨時国会を開いてください。森友・加計問題をはじめ、問題は山積しています。しっかり議論しましょう」

国会には通常国会、臨時国会、特別国会の三つがあります。総選挙後に行われる国会は特別国会で、総理大臣の指名選挙や議長の指名などが行われます。自民党は議論することを避けるため、この特別国会を二、三日で閉じようとしていました。政治記者も「野党も選挙直後で長くやりたくないですよね」と野党の様子を探りにきました。

確かに、与野党を問わず国会議員は選挙の後始末もあって地元で挨拶回りなどに精を出さなければならない時期です。さらにいうと、立憲民主党は党内のシステムも未整備でしたから、一週間後から本格的な論戦をするには相当な急ピッチで準備をしなくてはなりません。自民党サイドの空気は、そのあたりも読んだものだったのではないでしょうか。「今回はお互い顔合わせ程度で」と匂わせてくるものがありました。

しかし私はしぶとく食い下がりました。選挙を挟んで中断された「モリカケ」をはじめとするさまざまな疑惑について、政府与党が逃げ切ろうとしていることを見過ごすわけにはいきません。また選挙の直後だったので「安倍政治への怒りや疑念」を感じている国民がかなりの数に上ることを肌で感じていました。このタイミングで国民の声に応えずに、野党の存在意義などないのではないか。準備期間が短いという理由で形式的な国会で終わらせるわけにはいかない。

「新しい内閣になって大臣も代わっているのだから、きちんと所信を表明し議論をするのが筋というものではないですか」

何度も折衝を重ねました。森山さんはそのつど持ち帰り二階俊博幹事長や官邸と調整をしていました。ついに「……わかりました」と折れました。そして、「臨時国会は開かず、特別国会を延長して、実質審議をやりましょう」と提案してきました。特別国会を延長するというのはあまり聞いたことがありませんが、私はしっかりした議論ができるならそれでかまわないと答えました。

結果的に、こちらが、一本取った形になりました。議員もマスコミも、安倍政権は数日間の特別国会だけで逃げ切るだろうと考えていました。そこを粘って実質審議を獲得したので、ベテラン議員は皆、驚いていました。これが私の国対委員長としての「本当の初仕事」といってよいかもしれません。

一一月一日、特別国会（第一九五回国会）が開会しました。選挙で身体《からだ》が疲れ切っている中、職員たちはほとんど不眠不休で「国対」をつくり上げ、なんとか滑り出すことができたのです。

結果的に、この特別国会は一二月九日まで、一か月以上にわたって開かれた異例のものとなりました。私自身は、細かい判断ミスをしてしまうこともあり、反省の日々でした。でも、そのつどベテランの党職員たちに「こういう場合はこう言っとくもんですよ」とアドバイスをもらい「これも勉強、勉強」と前を向くようにしていました。

こうして小さな壁にたくさんぶつかりながら「こんな感じならいけるかな」と自分なりのペースをつかんでいたことが、年明けからのあの怒濤《どとう》の「裁量労働制→モリカケ国会」への準備運動になっていたのだと思います。

バラバラの野党をどうまとめるか

この特別国会で焦点となったのは、世間でも注目を集めていた森友・加計問題です。中でも加計学園の許認可が一一月一〇日に下りることになっていたので、そうはさせまいと、私たちは徹底的に問題点を追及しました。逃げ切るつもりだった安倍総理が、心底嫌そうな顔をしていたことが印象に残っています。

そしてこの時期、一番心を砕いたのは分裂している野党をどうまとめるかということでした。民進党が野党第一党だった時代は、共産党、社民党の二党と話していればよかった。ところが民進党が三つに空中分解してしまったため、新たに野党第一党となった立憲民主党は、衆議院では、共産党、社民党だけでなく、希望の党、無所属の会（参議院に残った民進党とともに活動）、そして小沢一郎さんの自由党と、五党と話し合う必要があります。さらに、参議院では民進党が残っていて、立憲民主党よりも議員数は多く、衆参で第一党が異なる政党だったので、衆参の連携も困難な状況でした。

バラバラになってしまった野党をどうまとめていけばよいのか。どのように巨大な自民党・公明党の与党と対峙すればよいのか。悩みました。

そこで、初めに自民党の森山国対委員長とルールを決めることにしました。森山委員長はこのような提案をしてきました。

「われわれ自民党は、野党第一党の立憲民主党とだけ話をします。ですから、辻元さんが野党をまとめてきてください」

この提案は一見、野党第一党を立ててくれるようにも聞こえるのですが、別の意味もあるため、私は警戒せざるを得ませんでした。かつての自民党国対は野党それぞれと交渉して、野党を分断してきた歴史があります。しかし自民党からしても、各野党と個別に折衝するのは大変な手間です。そこで、「野党を切り崩して分断するようなことはしない。代わりに、足並みをそろえてくれ」と打診してきたのです。

実際、民進党が三分裂したことの「後遺症」は、当時色濃く残っていました。どうせ野党はまとまらないだろう、と高みの見物のような雰囲気が、自民党にもありました。国対は信義の世界か、化かし合いの世界か、どんな状況でもプラスに持って行くしかない、そんな仕事なのです。

私が野党をまとめる、そして安倍一強政府・巨大与党と対峙する。まとめられなかったらすべて私の力不足、バッシングしようと手ぐすねを引いている人たちがいるのもわかっていますが、私個人が叩《たた》かれるのは仕方ない。ただ、新しい政治に期待してくれる人たちのためにも私は失敗できない。「他の野党にひれ伏してでも、まとめてやる」と腹を固めました。

では、具体的にどうやって野党のコンセンサスを取ればよいのか。私は野党の国対委員長の定例会議がつくれないか模索していました。そんなとき、ある人が乱立する野党のことを心配して声をかけてくれました。大島理森《ただもり》衆議院議長です。

「辻元さん、これから苦労が多いよ。与党と対峙する以前に野党をまとめるほうが難しいかもしれん」と大島議長。自民党の国対委員長を長く務められたバリバリの「国対族」としての見通しだと思いました。

「とにかく顔を合わせることだよ。お茶を飲むだけでもいいから、しょっちゅう雑談をするんだよ」

この大島議長のアドバイスは、私が考えていたことと同じでした。私は、野党の国対委員長の定例会議をつくることを決断しました。

さっそく私は、野党各党の国対委員長に声をかけ、集まってもらいました。希望の党の泉健太さん（現・国民民主党）、民進党（無所属の会）の平野博文さん（現・国民民主党）、共産党の穀田恵二さん、社民党の照屋寛徳さん、自由党の玉城デニーさん（現・沖縄県知事）、そして私の六名でした。

私は各党の国対委員長に、週に一度「野党国対委員長連絡会」、通称「野国連」を開きませんかと提案しました。議題のあるなしにかかわらず、とにかく週に一度はみんなで顔を合わせようよ、と。

各党からすると、野党第一党の立憲民主党だけで好き勝手にものごとを決め、それに従えと言われることを警戒していた部分もあったと思います。この提案には、全員が賛成してくれました。

日時は、毎週水曜日の朝九時半からに決めました。というのも、自民党と公明党は「二幹二国」と呼ばれる朝食会を、毎週水曜日の朝八時から九時ごろまで、ホテルオークラの「山里《やまざと》」という和食店で行っているからです。

「二幹二国」というのは、「二人の幹事長と、二人の国対委員長」という意味です。メンバーは、自民党の二階俊博幹事長と森山国対委員長、公明党の井上義久幹事長と大口善徳国対委員長でした。与党もやはり「作戦会議」には余念がないわけです。

ちなみに私たちはホテルの朝食会とはいかず、衆議院の立憲民主党国対の役員室でウーロン茶やら野菜ジュースを飲みながらの会議です。朝食会で話された内容は、ぶら下がり取材（記者が首相や議員などをとり囲んで行う取材）ですぐに報道されます。私たちはそれを確認した上で、作戦を練ろうと考えたのです。

少数の意見こそを大事にする

野国連を開くにあたって、いくつかルールを決めました。

一つは、多数決でものごとを決めないということです。全員、納得するまで議論をする。納得しないまでも、お互い妥協できるところまですり合わせる。小さな党の意見にも、きちんと耳を傾けることが重要だと考えました。

もう一つは、「一党一票」のルールです。政治の世界は、議員数の多い党が権限を持つのが普通です。しかし、どんなに小さな党でも、その党に貴重な一票を投じた国民がいることを忘れてはいけないと思ったのです。

たとえば社民党は、衆議院では照屋寛徳さんと吉川元《はじめ》さんの二人の政党です。自由党も、小沢一郎さんと玉城デニーさんの二人しかいませんでした。しかし、党が小さいからといって、発言権まで小さくするのはよくないと考えました。

そもそも私は少数政党である社民党の出身なので、小さな政党の悲哀を噛みしめて政治活動をしてきました。少数の意見も大事にするのが民主主義の基本です。この場では、全員が対等な関係で議論しようと決めました。

結果、野国連は毎回議論が噴出しました。私は基本的にまとめ役に徹し、各党の提案を極力取り入れる形で合意をはかろうと努めましたが、前回決めたことをひっくり返すような意見も最初はありました。とはいえ、第一党を理由に強引に私が意見を押し通せば、この枠組みが崩壊しかねません。

悩ましいと思っていたときに、国対の「先輩」である社民党の照屋寛徳さんから秘書を通して「あんたはまとめる立場であまりきついことは言えないだろうから、私をうまく使いなさい」と伝言をいただきました。

照屋さんの地元は沖縄です。米軍の辺野古《へのこ》新基地建設反対の先頭に立っている「沖縄の魂」

のような存在です。しかも私にとっては社民党時代の先輩です。そんな方に「自分を弾除《たまよ》けにしていいよ」と言われたことに申し訳ない気持ちと感謝の気持ちでいっぱいになりました。

そして、対峙する与党が強いからこそ少数政党を大事にしようという私の方針は間違っていない、と思いを強くしました。

私が「少数意見を大事に」と考えるようになったのは、議員一年生のころの経験が関係しています。私が初当選した一九九六年当時は、自民党、社民党、新党さきがけが連立与党を組んでいました。衆議院では、自民党の議席は二三九。一方、社民党の議席は一五、新党さきがけはたった二議席しかありませんでした。

自民党と社民党、さきがけの議席数を比べると、圧倒的な差があります。しかし当時、衆議院の過半数は二五〇議席でした。つまり、社民党の一五が賛成しなければ、自民党は法律一本、通すことができないのです。私たちはキャスティングボートを握っていたのです。

当時、私は「私自身には力がないけど、私の位置には力がある」と認識して、少数政党ながらNPO法（特定非営利活動促進法）、環境アセスメント法を成立させ、情報公開法、男女共同参画社会基本法といった自民党単独政権だったらつくらないような法律の制定に道筋をつけることができました。

当時の自社さ政権の政策協議の場では、多数決をとらないというルールがありました。法案審査で自民党が代表者を三人出すなら、社民党から二人、新党さきがけから一人出して、三対三の同数にする。もし合意できない場合は合意できるまで議論をする。何度も何度も、議論を重ねるのです。

このようにして数で押し切れないしくみをつくったのです。小さな党に在籍していた私にとってはありがたいことでした。だからこそ、こちらもできるだけ協力しようと思いましたし妥協点を見つけようと努力しました。もし、自民党が数で押し切ろうとしていたら、そうはならなかったでしょう。

当時、それを仕切っていたのが、幹事長の加藤紘一《こういち》さん、政務調査会長の山崎拓さん、そして幹事長代理の野中広務さんでした。野中さんは「小さな傷から全身に毒が回るんだ」とおっしゃっていました。少数の意見をおろそかにしてはいけない、少数の意見を尊重することこそが、組織をスムーズに運営する極意である。そんな政治の技術を私は野中さんたちから学んだのです。

民主党・社民党・国民新党での連立政権も経験しましたが、自社さ政権とは違いがありました。当時の民主党は小さな政党のことを忘れがちで、政権運営に危うさを感じていました。当時も社民党が政権を離脱すれば、参議院の会派が過半数割れしてねじれ状態になってしまうにもかかわらずです。

衆参とも過半数を守るというのが政権維持の鉄則なのですが、案の定、社民党の政権離脱に発展し、民主党政権は苦境に立たされ崩壊していきました。私はその生々しい過程を間近で見ていたので、少数を大事にすることの大切さを肝に銘じていたのです。

かつての自民党には意見や立場が違う人たちとも落としどころを見つけて、調整・連携する懐の深さがありました。今の安倍官邸のやり方とは真逆でした。

ただ、そうした現在の自民党においても、二階幹事長と森山国対委員長には、かろうじてかつての自民党のDNAがあるように感じられました。自社さのDNAを持つ私にとって、そこが国対を機能させるカギになるのではと考えていました。

「開かれた国対」を目指して

与野党とも、第一党の女性の国対委員長は私が初めてでした。「女に国対委員長ができるのか」「野党をまとめるのは不可能」と冷ややかに見ている人もいたようです。

一部の週刊誌には、「辻元は政権を攻撃することはできるが、国対委員長のようなネゴシエーションはできるのか?」と揶揄する記事がたびたび掲載されていました。いまだに「ソーリ、ソーリ」のイメージだけが独り歩きしているようなのです。

私は「よくしゃべる人」と思われがちですが、どちらかといえば、相手の話を聞いて調整するタイプだと、一緒に仕事をした人に驚かれることがあります。

一年生議員のときに薫陶を受けたのは、政権を担っていた自民党の大ベテランの議員たちです。竹下登さん、野中広務さん、山崎拓さん、加藤紘一さん……。先輩方から「政治は妥協の芸術」「手柄は人にあげること」「政治家を知るにはその人の選挙区を見よ」と、政治の極意を叩き込まれてきました。

野党乱立のこの難局は、「私についてこい」タイプの国対委員長では乗り切れないと思いました。「国対委員長には意見が言いにくい」となっては、強い国対にはなれません。「何でも私に言ってよ」型の国対委員長を目指しました。

また通常、国対の事務室というのはピリピリしていて「入りづらい」と新人議員や秘書たちは敬遠することも多いのです。しかし、私は多くの議員や秘書が出入りし、そこで直接空気を嗅ぐことで皆が強くなり「たたかう集団」ができていくと考えていました。そして、そのほうが私のところにも現場の情報が集まってくるだろうと考えたのです。

そのためには何でも言ってもらう場づくりが必要です。まず、目に見えるところからリニューアルに取り掛かりました。国対委員長室のレイアウトを変えたのです。これまでは野党第一党が真ん中のソファに座り、その他の党は議席数にしたがって下座へ座っていくのが通例でした。

私は戦前から使われている重厚なソファを返却し、シンプルな長机と椅子を部屋に運び込みました。そして長机をロの字型に並べ、野党各党の委員長に座ってもらうことにしました。そうすれば、どこが上座でどこが下座かという区別はなくなります。出席者が全員、平等に話し合いやすい場づくりをしたかったのです。いわゆる円卓方式です。枝野代表や福山幹事長との党内の国会運営の打ち合わせもこの形式で行いました。

事務所内にお菓子を置き、職員が毎日切り抜いてくれる新聞記事スクラップも自由に見ることができるようにしました。独自の視点で記事がセレクトされており、これを目当てに国対に来る人も増えました。

私のこうしたやり方に、威厳がなくなるとか軽く見られるとか言う人もいたようでしたが、「私が仕切っている」という雰囲気を出さないことが党内、そして野党をまとめる第一歩だと確信を持っていました。

次に、メディア取材以外の独自の情報発信のツールをつくることにしました。国対は表に出せない交渉もします。しかし、できるだけ瞬時に情報を発信する。情報合戦なのです。数が少ない野党にとって世論に訴えることは非常に重要です。

「『国対ツイッター』をつくったらどうでしょうか?」

事務局の須永さんと池田さんが提案してくれました。それでなくても事務局は忙殺されているのに、さらに自分たちの仕事を増やす提案なのです。私は嬉しかった。事務局も一丸となってたたかっているからこそ、こんな提案をしてくれると思ったからです。

即断即決、すぐにスタートさせました。開設と同時に一万人以上の人がフォローしてくれ(現在の「立憲民主党・国会Twitter」フォロワー数は約二万五〇〇〇人)、大きく広がっていきました。国対ツイッターは、国対番記者たちの情報源としても活用されていたようです。

また、党内の国会議員だけではなく自治体議員との情報共有のために「国対かわら版」をつくり、毎日全国にメール配信を開始しました。これも職員の提案でした。

私たち野党は「民主主義のルールを守れ!」とよく言います。そう言うからには、私たちがまず民主主義のルールを守らなければなりません。少数の意見を尊重する、情報公開をする、これが民主主義の基本的なルールです。ここだけは絶対にブレないように心掛けていました。

党内調整のメカニズム

前述の与野党の歴代国対委員長の心得にもあったように、党内調整をはかることは何よりも重要です。

そのためには公正な運営に努めなければなりません。国対委員長は権力者です。議員の事務所や宿舎の部屋割り、委員会配置だけではなく海外視察のメンバーを選ぶのも国対なのです。「国対が勝手に決めている」とか「一部の議員を優遇している」と思われたら、誰もついてきてくれなくなります。

代議士会や予算委員会の応援などへの各議員の出席をチェックしておいて、頑張っている議員を引き立てると宣言をして海外派遣などを決めていました。

それでも、テーマによっては質疑者の選考などに偏りが出てしまいます。ですから、私は代議士会などで「今は与野党激突しているので、同じバッター（質疑者）で質問を積み重ねています。ご理解ください」などと説明をしてきました。

「国対委員長が一人で決めている」とならないように、意思決定にいたる関係者とのコンセンサスも重視しました。

国対の会議は毎朝行い、とくにどの法案をいつ審議するのかなどは政策の中身にも関係するので、長妻昭政務調査会長と相談して決めていました。強い国対をつくるためには、政調との連携が欠かせません。

長妻さんには、予算委員会でもたびたび質疑に立ってもらいました。とくに安倍政権の不祥事は厚生労働関係に多かったこともあり、大臣経験者で「ミスター年金」として政権交代の立て役者だった長妻さんには「党の政策をアピールしてもらう」だけでなく、徹底的に安倍政権の政策の矛盾点をあぶりだしてほしいと密に連携を取りました。政調会長が国対の事務所に連日詰めていたのは異例かもしれませんが、法案審議の作戦には政策部門との連携は不可欠です。

「今日の一五時まで与党の筆頭（理事）からの電話には出ないで。そこから先は、明日以降のアポを取るまでならオーケー」「この法案は国対的には先にやりたいんだけど、問題あれば順番変えるけれどどうかな」など、日々細かく調整していたので長妻さんが国対の空気を嗅ぎに来てくれたことには助けられました。もともとジャーナリストだった長妻さんの嗅覚が、のちの「裁量労働制の削除」という大仕事につながっていきます。

予算委員会の野党筆頭理事として、逢坂《おおさか》誠二さんには最前線の指揮官として過重な負担をお願いしました。どんなに国対で方針を決めても、現場で与党とやり合って議論の道筋を決めるのは各委員会の筆頭理事です。

中でも予算委員会の筆頭理事というのは普通の役職ではありません。テレビ中継などで全国の人が見る中、理不尽な委員会運営やいい加減な大臣答弁には先陣を切って抗議をし、次の瞬間には委員会室の片隅でひそひそと次の日程の交渉をする。神経をすり減らす仕事です。

委員会審議の日程や時間のハードな駆け引きをしながら、自分自身も質疑に立って鋭い追及を行う。連日のように質問主意書を出してファクト（事実）を引き出していく。一人何役もこなす逢坂さんの身体を心配したこともありましたが、どうも仕事をすればするほど元気になっていく体質のようでした。

衆議院は、火・木・金の一三時が本会議の定例日です。開会直前には、会派の全衆議院議員や全メディアが集まり「代議士会」が開かれます。その日の議題や法案への賛否などを確認します。代議士会では冒頭、私が国対委員長として今の状況を大づかみに話し、議運の野党筆頭理事である手塚さんが賛否の確認など行動の詳細を説明する、というのがセットでした。

代議士会は全衆議院議員がそろう場ですから、ここで何を発言するかがとても重要です。メディアが私の言葉を「野党代表」として取り上げる場でもあるので、ここで「世論」に訴えることにもなる。細心の注意を払って言葉を選んでいました。

このときに、逢坂さんが予算委員会の筆頭理事として「現場報告」することがよくありました。逢坂さんの言葉の選び方を聞きながら、このまま各議員が地元に帰って国会状況を説明できるようにしているな、と感じたことがあります。こうした分担をしながら、国会の最前線で起きていることを発信し続けていました。

参議院国対委員長との情報交換、連携も密にやらなければなりません。毎週金曜日、昼に弁当を食べながら、代表、幹事長、政調会長、衆参の議運と予算の筆頭理事、参議院国対委員長らと議論して国会運営の方向性を出していました。

さらに、議員の秘書の皆さんの力も借りていました。森友問題のときは、野党合同ヒアリングなどで粘って膨大な量の資料を出させることができましたから、その資料の読み込みを秘書総出でやってもらったこともありました。

国対の事務局はさながら「工場」のようでした。少しずつ力を引き出して調整し大きな力に変えていこうとしていました。

画期的だった「野党合同ヒアリング」

もう一つ、私はある新しい試みを始めました。それが「野党合同ヒアリング」です。立憲、民進（無所属の会）、希望（後に国民）、共産、自由、社民の野党六党が一体となって、省庁幹部、担当者からヒアリング（聞き取り）を行い、議論する場です。

これまでヒアリングは各党がバラバラで行っていました。しかしそれではメディアからの注目も集まりませんし、幹部や責任者を引っ張り出すことも難しい。野党合同で行うからこそ影響力が生まれると考えたのです。

これも少数政党にいたので肌でわかっていたことですが、同じ野党でも大政党と小政党では省庁の対応が違います。具体的には「ご説明」「レク（レクチャー）」に来る官僚の役職が違うのです。局長級が来ればその場で責任を持った答弁を引き出せますが、係長級では「お持ち帰り」が多くなり引き延ばされたあげくに大した答弁が出ない、という状況にイライラをよく感じました。国会は「数」がものをいうという側面は悔しいけれど否めません。

口だけで「野党共闘」と叫んでいても意味はありません。みんなで一つのことに取り組み、共同作業をすることが大切だと思っていました。ヒアリングを合同で行うことで、所属政党の大小にかかわらず国会議員一人ひとりの「専門性」「調査力」が活《い》かせるようになったと思います。

共同でヒアリングを行うとか共同で法案をつくるとか、ともに汗をかいて困難を乗り越えていくことで、初めて信頼関係は生まれるのだと思います。その積み重ねが野党の連携を固いものにし、選挙での協力にもつながっていくと考えました。

さらに、合同ヒアリングをインターネットの動画配信サイトで同時中継しました。密室で行うのではなく国民に対して「窓」を開いたのです。

国民が注視しているとなれば、官僚側としてもいい加減なことは言えません。自然とその場が「真剣勝負」になります。

さらに、記者にもオープンにし、フリーの記者や独立系のネットメディアも参加できるようにしました。フリー記者や独立系メディアは省庁に取材を申し入れても、たいてい断られてしまいます。この場に来れば、議員と官僚とのやりとりを通して事実関係などの取材をすることができるようにしたのです。

このころ与党筋が「あれは官僚いじめだ」との批判を流し、一部メディアが同調していることとも承知していました。「野党合同ヒアリングをやめろ。国対のやることじゃない」と直接、私に諭しに来られた野党の国対経験者もいました。

こうした圧力を受けても、野党合同ヒアリングをやめる気はさらさらありませんでした。むしろ「ああ、よほど官邸は嫌なんだな」と確信を深めました。

確かに、議員が激しい口調で官僚の吊《つる》し上げをするような場面が生じたこともありました。「官僚の皆さんには事実関係を中心に問いただす。糾弾しても仕方ない。問題なのは、いくら呼んでもこの場に来ない政務三役（大臣・副大臣・政務官）なんだから」と、発言の仕方に気をつけるよう、参加する議員に注意をしたこともありました。

官邸や与党は、一部メディアやネット応援団を使って「野党は審議拒否ばかりだ」という発信をします。しかし、そもそも与党は自分たちにとって都合の悪い問題では委員会を開かないということをメディアは報じません。とくに、スキャンダルが日替わりで飛び出した安倍政権下ではこの傾向が顕著でした。おそらく政治記者にとっては「そんなの当たり前」だからかもしれませんが、多くの人にとってはそうではないはずです。

委員会が開かれない、メディアの取材にも「問題ない」と言ってスルーするならば、野党が真実を明らかにする「場」をつくり、あらゆるメディアと共有する「場」をつくる。このサイクルが風穴を開けることになると考えました。

つまり、このヒアリングの場は「もう一つの委員会」だったのです。国会では今、どんなことが問題になっているのか、同時中継で国民にきちんと伝えたいと思ったのです。

現在も、総理主催「桜を見る会」の追及、森友問題の再検証、そして新型コロナウイルスの感染実態解明など、野党合同ヒアリングは積極的な発信の場になっています。ユーチューブで「野党合同ヒアリング」と検索すれば、ご覧いただくことができます。これまでのヒアリングは、すべてアーカイブされています。

新人の指導も国対委員長の仕事

会期中は、国会議員の活動もメディアの関心も国会に集中します。したがって、国会での活動がそのまま党や議員個人の評価になるため、国会の司令塔がどういう方向性を示すかが党の支持率にも関わってきます。

基本的に、国会会期中には野党の支持率は上がります。逆にいえば、会期中に支持率を上げられないようでは国対委員長の手腕に疑問符がつくことになります。私は各社の世論調査に一喜一憂しないようにしながらも、胃が痛むような思いで数字を見ていました。

どうすれば国民から支持を得ることができるか。党内に目配りしながらまとめていくことも、会期中の国対委員長の大切な役割です。

立憲民主党の五五人の議員には大きく分けて三つのタイプがあります。一つは、枝野さん、長妻昭さん、近藤昭一さん、福山哲郎さん、蓮舫《れんほう》さんといった、議員を何期も連続で務めてきたベテランたち。もう一つは、二〇一二年の総選挙で落選し、約五年ぶりに当選を果たして帰ってきた議員。そしてもう一つは、初当選した新人議員です。

立憲民主党は新しい政党ですから新人議員がたくさんいます。野党第一党なのに、委員会の運営のやり方などを知らない議員ばかりなのです。こうした新人の指導もまた、国対委員長の仕事です。次の選挙がいつくるかわかりませんから、国会対応や質疑を通して早く成長してもらわなくてはならない――オン・ザ・ジョブ・トレーニングです。

そこで私は、「全員野球」をモットーにすることを決めました。まず、一期でも務めたことのある議員は、内閣委員会、総務委員会、法務委員会、外務委員会といった各委員会の筆頭理事にどんどん抜擢しました。

同時に一年生にも、本会議場での代表質問に立ってもらうことにしました。キャリアのある人だけでなく平等にチャンスを与えたかったのです。一年生が代表質問に立つなど、自民党ではありえないことです。ましてや、総理が答弁に立つ法案で一年生が質問するなんて想像もできないでしょう。幸い、立憲民主党のベテラン議員から不満の声は聞こえてきませんでした。

ただし、原稿は自分で書くことを約束してもらいました。自民党の議員の場合、政務調査会が書いた原稿を読むだけの場合が多いと聞きます。しかし、それでは政治家としての力を磨くことはできません。自分で原稿を書いて積極的に頑張っている人は、たとえ一年生でも重用することにしたのです。

一年生で最初に総理出席の重要広範議案に代表質問をしたのは、中谷一馬議員。一九八三年生まれの若い議員でした。彼は小学生のときに両親が離婚し母子家庭で育ちました。お母さまは彼と妹を養うために朝から晩まで働きましたが、身体を壊し生活保護世帯になりました。

ちょうど国会では、生活困窮者自立支援法の政府案と、野党共同対案の「子どもの生活底上げ法案」の審議が始まりました。私は中谷さんに、「あなたが適任だと思うんだけど、やってみない？」と勧めました。彼は「やります！」と即答してくれました。

後日、原稿を書き上げた中谷さんを国対委員長室に呼び、その場で読み上げてもらいました。そしていくつかアドバイスをしました。

「まず一問目に、安倍総理に『あなたはお金に困ったことがありますか？』と聞いてみたら？

あと、もっと自分の苦しかった体験を入れたほうがいい。それを本会議場にいる世襲議員たちに聞いてもらおうよ」

このようにして、原稿をブラッシュアップしていきました。そして何度も何度も読み上げの練習を繰り返しました。

「今までの人生の中で、生活するお金がなくて困った経験はありますか?」と尋ねた中谷さんに対し、安倍総理はこう答えました。

「私には、お尋ねのような経験はありません」

そのやりとりは、テレビの報道番組でも取り上げられました。

一人ひとりの力は微力でも無力ではない

中谷さんの成功を見て、他の一年生にも火がつきました。私は一年生を優先的に登壇させるようにしました。一年生の中には自治体議員出身者だけでなく僧侶やシングルマザーなど、さまざまな個性、経歴を持った人がいます。当事者の立場から、自分の言葉で自分の体験を語ってもらうようにしました。

たとえば尾辻《おつじ》かな子議員は、日本で初めてLGBTの当事者であるとカミングアウトした国会議員です。多様性のある社会の実現は立憲民主党の党是の一つです。自分の辛い体験をもとに予算委員会で安倍総理への質問をしてみないか？　と声をかけました。尾辻議員は、「泣いてしまって、質問できないかもしれない」と声を詰まらせました。

親や友人に自分はレズビアンであると言ったとき、差別を受けたとき、きっと言葉では言い表せない凄まじい体験を尾辻さんはしてきたのでしょう。だからこそ、総理大臣にそんな現状をぶつけてほしかったのです。尾辻議員は質問の準備をしてくれたのですが、他のテーマが優先されて実現できませんでした。またの機会にぜひ、と思っています。

テレビ中継が入る委員会の花形、予算委員会の委員にも一年生を抜擢しました。後述する、「働き方改革関連法案」にまつわる労働時間のデータ間違い問題の突破口を開いたのは、一年生の岡本あき子議員の質問でした。

その夜のニュースで岡本議員の質問が報じられました。一年生の質問がテレビで取り上げられたのです。私は嬉しくて「よくやった」と岡本さんに電話しました。「黄色いツジモト」とインターネット上に書き込まれました、と岡本さん。彼女はイメージカラーの黄色いジャケットを着て質問したので、そんな反響まであったようでした。

結果的に、その国会（第一九六回国会）会期中で一年生を全員、本会議場で登壇演説させることができました。演説の様子を自分のホームページやチラシに掲載することで、当選してすぐに活躍していることを地元の皆さんに報告することもできます。それが自信にもつながるし、次の選挙にもつながります。

予算委員会の席にも順番で一年生に座ってもらいました。総理大臣と先輩議員たちの真剣勝負は勉強になるし時々テレビにも映るのです。新人のとき、地元で「テレビで見たよ」と言われることが私自身もすごく嬉しくて励みになったので、みんなに同じ機会を与えたいと考えたのです。

国対委員長の二年目には、委員長代理に武内則男議員についてもらいました。武内さんは参議院議員を一期務め、議運の経験があるのです。武内さんは委員長代理然とするのではなく、事務局の職員と机を並べ、議員たちの相談に親身になってアドバイスをしてくれていました。お酒が苦手な私に代わって、職員や議員たちの慰労も武内さんが一手に引き受けてくれました。まさに、国対の「潤滑油」でした。

私はNGO出身の議員です。NGOの運営はトップダウンではなくネットワーク方式です。一人ひとり、違った個性と能力を持っています。一人ひとりの力は小さくとも、つながって一枚の大きなジグソーパズルの絵を描く。NGO時代からそんなイメージで組織を動かしてきました。

「一人ひとりの力は微力でも無力ではない」。これがモットーなのです。

「人を見る目がある」というのは、「人のいいところを見抜く目がある」ではないか、ということをいつも意識してきました。どんな人にも必ずいいところがあります。当選回数などのキャリアだけで判断するのではなく、議員全員の良さを引き出して「部隊」を組む。それこそ国対委員長の腕の見せどころだと思います。

あるとき自民党幹部に、こんなことを言われました。

「立憲民主党の一年生は、光っていますね」

数では自民党に大きく負けていても質では決して負けていない、と新人議員の母のように嬉しかったです。

絶対に譲れなかった「五対五事件」

「自民三回生らが『与党二、野党八は野党に過剰な配分だ』と国会質問時間配分の見直し要望」

国対委員長になったばかりのころ、こんなニュースが飛び込んできました。三回生議員（いわゆる「魔の三回生」）たちが「野党でなく自分たち若手に質問させろ。でないと地元で『仕事していない』と言われる」と要求したとのこと。それに対して、菅義偉《すがよしひで》官房長官や森山国対委員長も理解を示したと報じられました。自民党はそこまで劣化したのか、と驚きました。

戦後の国会の歴史の中で、これも安倍政権以外では起きえなかった異様なできごとの一つです。

「議員数が多い与党の質疑時間が少ないのはおかしい」という擁護論もインターネット上で沸き起こりました。しかし、そもそも野党と与党では行政府が出してきた法案や予算に対する国会質疑の意味合いが違うのです。

日本の議院内閣制のもとでは、政府提出の法案や予算はすでに与党内で行われる法案審査をクリアしています。つまり、自民党と公明党のお墨付きを得たものしか国会の議論の場には出てこないわけです。もしこの三回生たちが「議論させろ」というなら、与党内の会議でしっかり発言すべきなのです。それこそ、与党にしかできない役割であり、そこで発言してないのであれば仕事をしていないといわれても仕方ないでしょう。

与党は法案提出前に党内審査を済ませてお墨付きを与えているのですから、国会審議で法案が本当に正しいものなのかをチェックするのは野党の役割なのです。言い換えれば、野党が厳しく追及しても耐えうる法案なのか、それをチェックするのが国会の質疑の場なのです。三回生議員の「パフォーマンス」の場ではありません。

のちの章で詳しくお話ししますが、二〇一八年の通常国会で、働き方改革関連法案に裁量労働制が盛り込まれることが問題になりました。ところが、裁量労働制導入の根拠となるデータそのものが間違いだらけということが野党の質疑で発覚したのです。野党は徹底的に質疑を重ねました。その結果、法案から裁量労働制を切り離すことに成功したのです。

もし野党の質疑時間が削られてしまったら法案の中身を十分精査できずに、間違った法案が通ってしまったかもしれません。たった数行の条文で人命が左右されることだってあるのです。「野党の質疑時間が多いから削れ」という話は絶対に認めることはできません。

なぜこんなことが起きたのか。選挙前から安倍総理は森友・加計問題で集中砲火を浴びていました。野党の厳しい追及に業を煮やした官邸は「野党の質疑時間が多いから削れ」という指令を自民党の国対委員会に出していたようなのです。この三回生たちの行動もシナリオの一環だったのだと思います。

このように質疑時間の配分は議会制民主主義の根幹に関わる問題です。それがわかっているからこそ、官邸はしつこく野党の質疑時間を削るように与党国対に指令を出し続けたのだと思います。

予算や法案などの審議時間や与野党の質疑時間の割合は各委員会の理事会で協議します。しかし、決着がつかない場合は国対委員長の折衝に持ち込まれます。だから私と森山委員長は、ふつう議論にすらならない「時間配分」問題のために多くの時間を割くことになりました。

たとえば、通常国会序盤、与党国対委員長の最大の仕事は本予算を会計年度中に成立させることです。そのためには本予算の衆議院通過は二月末～三月冒頭でなければなりません。この日程をめぐって与野党の国対委員長は攻防を繰り広げます。とくに駆け引きで重要になるのは、総理大臣が出席する予算委員会の「集中審議」です。

本予算の委員会質疑でいえば、まず冒頭に「基本的質疑」という全閣僚出席の質疑が行われます（近年は三日間程度、うち「テレビ入り」と呼ばれるNHK中継が入る日程が二日間程度となっています）。

「基本的質疑」が終われば、いったん総理の出番はなくなり、そのあと「一般質疑」という総理大臣が出席しない質疑が行われ、財務大臣を軸に要求された大臣と論戦を繰り広げることになります。

メディアはどうしても総理の発言を重く見ますから「一般質疑」で大臣答弁を引き出して包囲網をしき、来たる総理質疑でぶつける――これが野党の基本戦略になります。逆に政府与党は「一般質疑」で閣僚や官僚が不要な答弁をして総理に累が及ぶことがないよう注意を払います。

そして、予算質疑が終わるまでにはテーマをしぼった「集中審議」を複数回、野党は求めます。「集中審議」は総理出席・テレビ入りとなり、その時々に国民の関心の高いテーマが選ばれるため注目が高くなります。

これをどのタイミングで挟むかが与野党国対にとっては重要になります。多くの場合「総理がここしか出られない」と外交日程などを盾にして政府与党にとって都合の良い日程を言ってきます。

私が国対委員長だった二〇一八年のときは、冬季オリンピック開催中だったのでメダルが期待される日本選手の競技の日にぶつけられたりしました。報道はスポーツ一色になるため、政治ニュースが比較的小さくなって与党としては都合が良いのです。それを野党国対は、別の日程を探したり日程が動かない場合は「その代わり質疑時間を長くして」と交渉するのです。

この予算委員会、質疑時間はこれまで「野党八割、与党二割」が通例でした。ふつう予算委員会は一日七時間行われます。午前中は九時から一二時まで。一時間の休憩を挟んで、午後は一三時から一七時まで。

予算委員会の冒頭の基本的質疑はNHK中継されるのが二日間。七時間×二日間＝計一四時間のうち、八割の一一時間一二分が野党の質疑時間、二割の二時間四八分が与党の質疑時間で審議が行われてきました。

森山委員長とのにらみ合い

これまでそうした通例だったのに、自民党サイドが「これからは、五対五だ」と二〇一七年の特別国会冒頭に一方的に言い出したのです。私は最初「冗談でしょ？」と信じられませんでした。官邸からの指令だな、と即座に感じました。なぜなら、官邸は明らかに加計学園の許認可問題が追及されることを警戒していたからでした。

すぐさま私は森山委員長に抗議をしました。ところが、相手も譲りません。私は野党各党の国対委員長を集め、事の次第を説明しました。するとある議員が「八対二に戻してこいよ」と言います。私は「そんなに簡単にいくなら苦労しないわ！」という言葉をぐっと飲み込みます。

もし、こちらが「五対五では審議しません」と言ったら、相手の思うツボです。審議しないということは、加計学園などの問題を追及しないということになり、相手は「では、やめましょう」となりかねないのです。その手には乗るまい、と思いました。

自民党サイドとは何度も何度も協議を重ねました。膠着《こうちゃく》状態が続きます。新聞などでこの問題が報道され、五対五はさすがにひどい、という世論が生まれつつありました。

自民が質問時間増を要求　追及回避狙い　野党は反発

国会での質問時間を巡り、自民党が議席数に応じて与党への配分を増やすよう要求している。衆院選大勝という「民意」を押し出すが、加計学園問題などでの追及を減らしたい思惑が透けて見え、野党は「野党の質問封じだ」などと強く反発。しかし自民は、11月1日召集の特別国会で質疑に応じるための「取引条件」にする構えも見せ、与野党の攻防が激化している。

「安倍晋三首相は謙虚な姿勢で国会に臨むと言ったのに、野党の質問を削るのか」。30日の衆院各派協議会で、立憲民主党の辻元清美国対委員長はこう批判した。自民側は「有権

（「毎日新聞」二〇一七年一〇月三〇日）

者から『なぜ自民は質問しないのか』と言われる」と反論。予算委員会などでの時間配分「与党2対野党8」を見直したい考えを改めて示した。

これまで衆院では、過半数を占める与党が配慮し、質問時間の大半を野党に割り当ててきた。関係者によると、自民党政権時代の２００８年は「与党4、野党6」。09年からの民主党政権では、当時野党だった自民の要求などにより「与党2、野党8」と野党の持ち時間がさらに増え、それが第２次安倍政権以降も続いてきた。

ところが先の通常国会で安倍政権は森友・加計問題を追及され、内閣支持率が急落。自民は首相が矢面に立つ時間を減らそうと、7月の予算委の閉会中審査では「与野党5対5にしない限り、審査に応じない」と主張し、結局「与党3、野党7」で折り合った。

さらに自民の若手衆院議員が27日、「質問をしないと地元で『税金泥棒』とまで言われる」と党執行部に時間増を要望。菅義偉官房長官は30日の記者会見で「議席数に応じるのは国民からすればもっともだ」と後押しした。

自民、公明両党が衆院選で得た計３１３議席を単純に当てはめると、時間配分は「与党67%、野党33%」と与党に大きく有利になる。しかし、自民自身が野党時代は旧民主党政権による配慮の「恩恵」を享受していたことに加え、加計問題などを「丁寧に説明する」

と繰り返す首相の姿勢とも逆行しかねない。立憲の枝野幸男代表は30日、「とんでもない暴論」と取り下げを求め、共産党の小池晃《あきら》書記局長も「非常に姑息《こそく》でせこい」と批判した。

私は世論に訴える作戦に出ました。「自民党は強引だ」という論調の報道も増えていきました。世論は野党に追い風に変わりました。自民党国対は野党と官邸の板挟みの様相になっていきました。

「四・五対五・五ではどうですか?」

五対五の壁は破れました。しかし、これではほとんど変わりありません。

「では、六対四ならどうですか?」

電卓をバチバチ叩いて「あと三〇分」「あと一〇分足したら何対何になる?」「これでどうだ!」……。「本来、国対委員長は大所高所の案件を議論すべきなのに、電卓叩いてどうするんですか。本来の八対二に戻しましょうよ」といった攻防を嫌になるほど重ねました。

安倍総理を守るために、森友・加計問題の追及時間を一秒でも削らなければならないという使命が自民党の国対には課せられているようでした。

野党の時間を削るということは、立法府の行政監視機能が低下することにつながる。立法府の死といえます。引き下がるわけにはいきません。

そんな私たちを、マスコミは追いかけ回します。私が国対の扉を開けた瞬間に、十数人の記者たちに囲まれ「委員長、森山さんのところですか」「……トイレ」、そんな状況が続きました。行き場所がなくなった私たちは、森山委員長が所属する派閥の事務所の一室をお借りして、夜遅くまでにらみ合いをしたこともありました。相手の派閥の事務所で交渉するなんて普通の国対族には非常識だと叱られるかも、と思いましたが、私は最後は「籠城」するつもりでしたので、あえて相手の陣地に夜遅くに行くことにしたのです。

そのとき、この派閥の顧問の山崎拓さんが、会食後にひょっこりと事務所に帰ってこられました。そして「夜遅くまでご苦労さん。五対五なんて聞いたことがない」と、おっしゃられました。

「国会の長い歴史の中で、与党に質問時間を半分よこせ、などという話は一度もなかった。安倍総理はよっぽど疑惑を追及されるのが嫌なのか、自信がないのか。総理大臣として野党の質問を堂々と受けて立たなければ」

自民党の重鎮、おっしゃることが違います。森山委員長は苦笑いしていました。

ハーゲンダッツと電卓を手にして

そのころ、こんな面白い話が耳に入ってきました。二階幹事長が「『計算違いしていた』と言って、野党に時間をやればいい」と言ったというのです。二階さんならではの発想だと感心しました。自民党内でも「いくら何でも、五対五は非常識」という声も出始めていました。チャンスかもしれない。膠着状態を打開するために、私は最後の手段に出ました。自民党の陣地──相手の国対委員長室に乗り込むことにしたのです。

「ちょっと自民党、行ってくる」、突然の行動に立憲民主党の国対職員は唖然《あぜん》としていました。私は部屋を出ると、三階の自民党の国対委員長室をめがけて階段を駆け上がりました。張りついていた記者たちが、何ごとかと驚いた様子で追いかけてきます。そして、自民党の国対委員長室の扉をバーンと開け、ソファに座り込みました。

ちょうど自民党と公明党の国対関係者が集まって、あちらも作戦会議の最中でした。私は「決着するまで、もうここから動きません」と宣言しました。こうして私の「立て籠もり」がスタートしたのです。

質問時間　背景に「数の力」／国会加計審議　与党1対野党2

（「朝日新聞」二〇一七年一一月一五日）

辻元氏、敵陣で「決まらないなら泊まる」

「与党の2倍以上（の質問時間）はもらわないとのめない。決まらないなら、ここに泊まらせてもらう」。14日夕、国会内にある自民党の国会対策委員長室。野党第1党の立憲民主党の辻元清美・国対委員長は、自民の森山裕、公明の大口善徳・両国対委員長らとの談判に臨んだ。

森山、辻元両氏はこの日、断続的に交渉を重ねていた。当初は与野党で等分の質問時間を求めていた与党側は「与党90分、野党150分」の時間配分まで譲歩していたが、野党が求める「与党2対野党8」とは依然として開きがあった。

辻元氏は「立法府としてのあり方の問題だ。もしも皆さんが野党になったらのめますか」。自民側が示したのは、野党にもう10分譲る「与党80分、野党160分」案。手ぶらで帰れない辻元氏は、受け入れた。

衆院選後初めて、学校法人「加計学園」の問題を審議する場。野党を代表して自民と交渉した立憲は当初、最近の衆院予算委と同じ「与党2対野党8」という持ち時間の維持を掲げた。枝野幸男代表も審議をボイコットすることも辞さない構えを見せた。

だが、「与党5対野党5」を主張する自民は堅く、自民が務める委員長が職権で開催を強行する可能性をちらつかせた。野党は加計問題で安倍政権を追及したいのに、審議を拒否して世論の批判を浴びかねないジレンマを抱えた。

同じ野党でも、共産党は審議拒否には否定的な立場。少数会派からも質問時間配分の「比率」にこだわるのではなく、「十分な質問時間」を求める声が出始めた。足元が揺らぐ中、質問配分の割合で譲歩しつつ、少数会派を含めた審議時間の「積み上げ」を選ぶ方向に転換した。

与野党は、今回の合意は前例としないことを確認。今後も質問時間をめぐる攻防は続く。立憲の党幹部はこう漏らした。「なんとか与党3対野党7に近いところで収まったが、これからが大変だ」

自民党の国対の冷蔵庫には、ハーゲンダッツのアイスクリームがたくさんストックされていました。たいてい私はチョコレート味をもらって、それを食べながら森山委員長と議論し、膠着状態になると「次は抹茶味をください」と言って食べる。それでも決まらないと「次はバニラをください」と食べる。森山委員長は、たいてい抹茶味一つくらいです。

余談ですが、そのころ立憲民主党の冷蔵庫に入っていたのは「ガリガリ君」でした（もちろん「ガリガリ君」も好きですが）。

ハーゲンダッツを三つ食べ終わるころになると、森山委員長は時計をチラチラ見て早く帰ってくれないかなと言わんばかりです。しかし、ここで折れるわけにはいきません。私は、良い返事が出るまで自民党に居座るつもりでした。

職員が作戦メモを森山さんに渡します。「このような感じでいかがでしょう？」と提案してくる。私は「ケチ」などと言いながら、動かない。あちらは、また相談を始める……。

「あと一〇分、渡します」

このときは、ここで手を打つことにしました。この一〇分が動くことで、ちょうど「一対二」の割合になったからです。最初の「五対五」に比べると、野党は与党の二倍の質疑時間を得たわけですから、はるかに前進です。あくまで今日のところは……という決着ですが。

自民党国対委員長室を出た私は、記者に取り囲まれました。私は言葉に悔しさをにじませながら、「今日はこれでよしとしました」と記者に話しました。私が目指すのは「二対八」ですから、ここで納得した表情を見せれば今後の交渉に差し支えるからです。

交渉はそれ以降も続きました。「一対二」がやがて「三対七」になり、「二対八」になり、私が国対委員長を辞めるころには、「一・七対八・三」にまで押し戻すことができました。

質疑時間を野党に正当に配分することは、民主主義の基本を守ることと同じです。だからこそ私は、ここまでしつこく粘ったのです。

「いぶし銀」森山委員長

国対の仕事で成果を出すためには、日ごろから党派を超えた人間関係をつくっておくことが大事です。今日の「敵」は明日の「味方」、「敵の敵」は「味方」……。攻守入り乱れるのが政界の人間関係の不思議です。

自民党の森山委員長と初めて言葉を交わしたのは二〇一二年、加藤紘一さんのご母堂のご葬儀に参列した山形県鶴岡市でした。

自社さ政権だった一年生のころ、自民党幹事長だった加藤さんに「NPO法をつくりたい」と直談判《じかだんぱん》。それ以来、私に「政治のいろは」を教えてくださった大恩人が加藤さんなのです。

二〇〇六年、加藤さんの事務所が右翼に放火されるという事件が起きていました。そのときも気丈に振る舞われたお母さまが一〇三歳で亡くなられたとき、私は加藤さんの元秘書から議員になった自民党の中谷元さんたちと、加藤さんを励まそうと山形に向かったのです。

葬儀場の待合室で、ずっと電話をしている人がいました。電話の相手はどうも財務官僚のようでした。ちょうど、野田政権で「社会保障と税の一体改革」の民主・自民・公明の交渉が佳境を迎えているころでした。

当時、自民党は野党でしたが、財務省に進捗状況を聞き指示を出しているのです。その人が森山裕さんでした。物腰は柔らかいのですが、厳しいことを財務省に言っている雰囲気を見て「いぶし銀のような保守政治家」だと感じました。これが森山さんの第一印象でした。

ずいぶん前に、こんなこともありました。朝、宿舎から歩いて国会に向かっているとき、小雨が降ってきたのです。

「濡《ぬ》れますよ、乗っていきませんか」

車の窓を開けて声をかけてくれたのが森山さんでした。このときは、まさか五年後に与野党の国会運営の責任者として対峙することになるとは想像もしていませんでした。

涙が出るほど嬉しかった穀田さんの助け舟

国対は、政党によって偏った見方をするようでは仕事はできません。すべての政党についていいところ、悪いところをニュートラルに見るように心掛けてきました。

私は各党の「温度」を計るため、こちらから野党の国対の部屋を回遊魚のようにグルグルまわって御用聞きをすることを日課にしていました。

議事堂内の共産党の事務局に行くと、美味《おい》しいコーヒーを淹《い》れてくれます。穀田さんの地元の京都の和菓子が出てくることもあります。厳しい局面のときも、コーヒーとお菓子でホッとできる一瞬です。

穀田さんは、国対委員長を一九九七年から長きにわたって務めています。二〇一七年に開かれた国対委員長在任二〇周年記念の会には、河野洋平さん、二階俊博さん、大島理森さん、伊吹文明《ぶんめい》さん、横路孝弘さん、小沢一郎さんなど、党派を超えて三〇〇人近くが集まりました。

国対のことを隅から隅まで知りつくしている大ベテランなのです。私はわからないことがあると穀田さんに「これまではどうだったんですか?」と教えてもらっていました。

野国連を立ち上げるときは、一部の議員から「共産党まで入れるのか?」という声もあがりました。私はむしろ共産党が入ることに意味を見出《みいだ》していました。

共産党は古い記録をたくさん持っているので国会で行き詰まったときに前例を調べてもらったり、また、申し入れ文書を書くのが非常に上手なので原案の作成をお願いしたこともありました。共産党が原案をつくるというのは、実はきわめて異例のことだと言われましたが、私は「全員野球」の精神で気にしないことにしていました。

穀田さんとの忘れられないエピソード、それは私が国対委員長に就任した直後のことです。先述したように、私はこの特別国会で、与党から一か月あまりの会期を勝ち取りました。総選挙後の特別国会は数日で終わるのが普通です。しかし、私たちは森友・加計問題などの追及もあり、実質審議を求めていました。

森山国対委員長から「そちらの要求をのむので、法案を何本か審議してほしい」と要請がありました。私は実質審議ができる会期が取れるのなら、とオーケーサインを出したのです。

数日後、穀田さんからこんなアドバイスをもらいました。

「先のことまで約束したら、絶対だめだよ。国会というのは、たった一時間で潮目が変わるんだから。潮目を見ながら、それに合わせて瞬時、瞬時でものごとを判断していくのが国対委員長なんだ」

私は「しまった！」と心の中で叫んでいました。森山さんとの約束を思い出したからです。

やがて穀田さんの言う通り、政治の潮目が変わってきました。加計学園の許認可問題などの火が広がってきたのです。野国連のメンバーからは「こんな状況では、法案なんか一本も審査できないよ」という声があがります。

与党サイドの言い分ものまないと一か月以上の会期は取れなかったのですが、与党と野党の板挟みになって、私は行き詰まってしまったのです。穀田さんのところに駆け込み、すべてを打ち明けました。

「だから言っただろう？　先のことまで約束したらだめなんだ。でも、この厳しいときにこれだけ長い会期を勝ち取ったのはすごいことだよ。おれがなんとかするよ」

そうこうしているうちに、潮目はどんどん変わっていきます。森友・加計学園をめぐる問題が、次々と出てくるのです。

「辻元さん、どうして国会を止めないんだ。法案なんか審議できないよ」

野国連の会合で、各党の国対委員長が迫ってきます。そのときでした。穀田さんがおもむろに助け舟を出してくれたのです。

「みんなの気持ちもわかるけど、辻元さんは普通なら数日間のところを一か月以上の会期を取ってきたんだ。これを取ろうと思ったら、ただでは済まないだろう？　辻元さんはここでは言えないだろうけど、おれはそう思う。こうして総理大臣を引っ張り出してきて、おれたちが質疑できる舞台をつくってくれたんだ。法案の一本や二本、くれてやろうや」

涙が出そうだったのを覚えています。結局、穀田さんのひと声で、みんな渋々ながらも納得してくれました。

共産党というと、頑固で妥協を許さないイメージがあるかもしれませんが、穀田さんは「実を取る」ことを大事にします。根っからの国対委員長だなと思います。

議長にお酒を飲ませたことも

国対委員長は国会運営の責任者です。立法権の長である衆議院議長とは、当然しっかり話せる関係を築かなければなりません。

慣例として、両院の議長・副議長はそれぞれ第一会派・第二会派から選ばれます。選ばれた議長・副議長はそれぞれの会派を抜けて中立の立場にたちます。このときは自民党から大島理森衆議院議長、立憲民主党から赤松広隆副議長が選任されました。

二〇一八年は韓国で平昌《ピョンチャン》オリンピックが開催され、大島議長を団長に超党派の衆議院議員で訪韓団を出すことになりました。ソウルでは韓国側の議長と大島議長との共催で「日韓議会未来対話」という会議を開催し、さまざまな問題を抱えている日韓関係を正常化するための話し合いが計画されていました。

そこに立憲民主党を代表して私が参加することにしました。旅を通して大島議長の人となりを知り、信頼関係を構築する必要性を感じていたからです。

大島議長は、二〇〇八年一二月一日に自民党国対委員長としての通算在職日数が一一二八日になり、歴代一位の記録を持っています。また、史上初の「戦後生まれの衆議院議長」「青森県出身者初の衆議院議長」でもあります。民主党政権のときは、在野だった自民党幹事長として参議院選挙をたたかい「ねじれ国会」をつくられて私たちは苦しめられました。その昔、私が小泉総理と予算委員会で「ソーリ、ソーリ」と激しくやり合っていたときは予算委員長としてその場を仕切っていたのも大島議長です。

政治や国会運営は人と人が行うものです。政治の世界では広い人間関係を持っている人ほど「政治力がある」といわれます。それは自民党も同じで、大島議長は「野党寄り」と官邸関係者からは見られることもあったようですが、野党にパイプがある人のほうがいつの時代も一目置かれるものなのです。

二〇一八年の臨時国会では、外国人が日本で働く際の規制を緩和をする入管法改正で与野党が激しく対立しました。すでに日本で働いている外国人技能実習生の劣悪な労働実態が明らかになり、この改正案には深刻な問題点がありました。

外国人実習生の問題も解決せずに、さらにあいまいな基準で外国人労働者を増やす入管法改正案は悪法です。よって、この法案を「つるし」にかけることにしました。

国会に提出された法案は初めに議院運営委員会で審議を始めるかどうか、そしてどの委員会に付託をするのかを決めるのです。ここで各党が合意しなければ法案を審議することはできません。法案を委員会に付託しないで放置することを政治の世界では「つるし」と呼びます。宙ぶらりんで放置される、ということです。

すぐにでも法務委員会で審議を始めたい自民党は強硬姿勢を取りました。しかし、このようないい加減な法案を審議させるわけにはいきません。

国会というのは議論の中身はもちろんですが、勝負は「段取り」で決まります。段取りを調整してどこで切り札を使うのか、どのように相手と対抗していくのか、それが「職人」としての国対委員長の腕の見せどころです。

入管法の審議入りをめぐって揉めに揉めた議院運営委員会が、いよいよ佳境に入った日のこと。大島議長が衆議院各会派の代表者と国対委員長を集めて食事をしながら意見交換をするという懇親会が予定されていました。

大島議長との懇親会は一八時からでした。私と森山国対委員長は入管法改正案の審議入りをめぐって揉めていましたから会には参加せず、自民党の国対委員長室でにらみ合いを続けていました。

自民党サイドはその日の二四時までには決着をつけたいと考えていました。翌日からなんとしても法務委員会での審議に入るためです。最終的には、多数決に持ち込んで強引に押し切ろうという腹づもりのようでした。

ただし、議員運営委員会が多数決で委員会に付託するときは、議長と副議長が同席しなければなりません。大島議長が各党幹部との懇親会を終了させて、公邸から議事堂内に戻ってこなければ開催そのものができません。

そこで私は「奇策」に出ることにしたのです。懇親会に参加している無所属の会の広田一《はじめ》国対委員長にこっそり電話して「お酒も出ているの？」と尋ねました。広田さんは「ええ、出ています」と答えました。

チャンスだと思いました。私は広田さんに次のように頼みました。

「大島議長にどんどんお酒を勧めて」

日本酒をどんどん飲んで酔っ払ってしまえば、議院運営委員会を開くことはできなくなります。

「大島議長、酔ってきました」

広田委員長から報告がきました。作戦はうまくいっているようです。

「辻元、そんなところで森山とにらめっこしていないで、早くこっちに来なさい、と大島議長が言っています」

その声を目の前にいる森山委員長にも聞かせました。私は「これで今から議院運営委員会を開けるんですか?」と迫りました。

「今日はもうここまでにしましょう」

森山委員長は悔しそうでした。

こうして法案は「つるし」にかけられたままになり、審議入りは先延ばしになりました。

もしかすると大島議長は与野党合意がないまま強引に審議を進めないほうがよい、と判断してわざと酔ったのか――今も真相はわかりません。

玉城デニー知事の誕生

自由党の国対委員長は玉城デニーさんでした。とにかく明るい人です。行き詰まったときは「なんくるないさ〜」――沖縄の言葉で「なんとかなるさ」と私を励ましてくれました。

お互いに国対委員長として毎日のように顔を合わせていた二〇一八年八月八日、翁長雄志《おながたけし》沖縄県知事が亡くなったというニュースが飛び込んできました。思わず「あっ」と声をあげるぐらいショックでした。自分の命を削ってまでも、沖縄を守ろうとされているように感じていたからです。

「あなたしかいないわよ」

私は、野国連の会議の前にデニーさんにささやきました。

デニーさんの父は米国の海兵隊員です。そして、戦争を直接は知らない戦後世代です。だからこそ、新たな視点で沖縄を創ることができると思いました。米軍普天間基地の辺野古移設問題についても明確に反対する信念を持っていますし、同じ野党国対委員長のメンバーとしてその政治手腕もよくわかっていました。

当初、デニーさんは出馬を迷っていました。そこで私の事務所で、立憲民主党と国民民主党の事務局長をまじえてデニーさんとどんな選挙態勢が組めるかを相談したりしていました。できるかぎりのバックアップはするつもりでした。

八月二九日、「野党各党の皆さんから熱い激励をいただいた。私の気持ちも固まった」と、デニーさんが沖縄県知事選出馬を宣言しました。自民党などが推す前宜野湾《ぎのわん》市長の佐喜真《さきま》淳《あつし》さんとの事実上の一騎打ちです。

このとき安倍政権はどれだけお金を使ったかわからないくらい、この選挙に総力戦を仕掛けてきました。佐喜真さんとたたかうというより、官邸とたたかっているようなものでした。あるとき、「森山国対委員長が国際通りを歩いていたよ」と教えてくれる人がいました。自民党の国対関係者も沖縄入りしていたのでした。「農業団体の票固めに来ているんだ」とピンときました。

私たち野党の国対委員長も総出で応援しました。負けるわけにはいかない。与野党国対の、国会の外での場外乱闘の模様になっていました。

私は沖縄に張りついていました。スタッフが足りなかったので、デニーさんのお母さまの生まれ故郷の伊江島での第一声に「随行」し交通整理をしたこともありました。パトカーがやってきて、私が対応するとギョッとされたこともありました。

党の秘書の皆さんにも応援をお願いしました。忙しい中、多くの秘書が駆けつけてくれ、台風が迫っているときも沖縄中を走り回ってくれました。ある秘書は、こんなことを言っていました。

「こんな楽しい選挙はなかった。小さな企業の人と話していると『私らは直接、国となんてやれない。知事が誰になるかが大事なんだよ。だからデニーを応援するよ』と言ってくれる。安倍政権が中央から頭ごなしにしめつけるやり方はここでは通用しない」

結果は私たちの勝ち。九月三〇日、過去最多の得票数で玉城デニー沖縄県知事が誕生しました。市民ボランティアに頼るような選挙戦でしたが、中盤で手ごたえが出てきて最後には雪崩を打つように有権者がデニー支持へと傾いていきました。

圧倒的多数で辺野古移設反対の知事を誕生させることができたのは、私たち野党にとって、久しぶりの明るいニュースでした。

開票日の翌日、国会で森山委員長と会ったとき、「当選したときに支援者とカチャーシーを軽やかに踊るデニーさんを見て、この人には勝てないと納得した」とやられたという顔でおっしゃいました。

国会ではこれまで、安倍政権と基地問題についてさんざんやり合ってきました。各委員会での論戦、沖縄県への調査団の派遣、沖縄で野党合同ヒアリングも開催しました。その延長上に選挙がありました。

国会を動かすには、三つの力があります。一つは「調査力」。もう一つは「論戦力」。そしてもう一つは「選挙力」です。選挙で逆転すれば、たとえ国会で数が少なくても与党の数に歯止めをかけることができるのです。

ですから私は「行動する国対」と呼びかけて、野党の「国対委員長一座」で各選挙の応援のために日本国中、飛び回りました。

国対委員長にとって大切な「言葉の力」

国対委員長の仕事の重要な役割の一つにメディア対策があります。国対委員長の部屋の前には「国対番」と呼ばれる記者が常に張りついており、国対事務局の前の廊下で体育座りをして、ノートパソコンをカチャカチャ打ち続けています。

国対委員長は、一日に何回もぶら下がり取材を受けます。記者会見とは違って、廊下などで記者に囲まれて質問に答えるのです。私は、国対事務局の立憲民主党の看板の前で行っていました。

記者を通じて、今、何が問題になっているのか、どのような事態になっているのか、メッセージを発して国会の外に知らせる役割です。

そのためには、「言葉の力」を磨く必要があります。どう語りかければ、国民の心に刺さるのか。国対委員長に就任してから、以前よりも深く考えるようになりました。

当初は緊張していたこともあって固い感じでしゃべっていました。しかしある友人から、「自然体で思っていることを言ったほうがいいんじゃない?」と言われたのです。

確かに、その通りだと思いました。テレビのニュースで放送されるのは一五秒ほどです。それならできるだけ短く、インパクトのある言葉で、思ったことをバーンと言ったほうがいいのです。みんなの思いに添った心に残る言葉、それを意識するようになりました。

「辻元は言葉遊びしているのか」と従来の発想の「国対族」の人たちからは揶揄する声も聞こえていました。国対は裏方に徹しなければならない、ということもよくわかっています。しかし、これだけ数の力で負けている現状では「発信してなんぼ」という冷徹な現状があるのです。誰よりも今の国会の空気を嗅ぎ続け、それを伝えられるのは、朝から晩までここにいる自分なのだから、と自らを鼓舞して発信を続けました。

思えば小泉政権のとき、私は小泉総理のワンフレーズ・ポリティクスはだめだと批判していました。なのに今、小泉総理と同じことをやっているのかしら……と、ジレンマを感じることもありました。しかし私のワンフレーズは権力者が自分のやっていることをごまかすためではなく、国民に問題点を知らせるためのワンフレーズ。ここが違うと思い至りました。

のちに聞いたのですが、小泉さんは一日二回のテレビカメラの前でのぶら下がり会見の前はじっと言葉を考えていて、まわりの人たちは話しかけることもできなかったそうです。私もぶら下がりの会見の前には言葉を練りました。

ちょっとしたひと言が独り歩きして誤解を生むこともあります。言葉が適切ではなくて批判の矢が返ってくることもあります。場合によってはデマで返されることもあり、その対応で事務所が機能停止することもあります。嫌な質問だってあります。

なので、自分のリスクヘッジだけを考えれば、何も言わないほうがよいのかもしれません。でも、あえて発信を続けました。リスクを引き受けることこそ仕事だったからです。

言葉で党内をまとめることも重要です。本会議が開かれる前に、法案採決の賛否の確認などをするために、各会派で代議士会（衆議院）、議員総会（参議院）を開きます。各議員は自分の所属する委員会のことはわかっていますが国会全体を見渡してはいません。

そこで国対委員長が時々のトピックスや与野党協議の進捗などを伝えて「みんなでこの方向に進もう」と党内をまとめていくのです。国対委員長の言葉が「羅針盤」のような役割を担います。

国対委員長は「ニュースをつくる存在だ」と開き直り、一秒でも多く政治枠を勝ち取ってやろうと苦心惨憺《さんたん》でした。今、振り返ると「よくこんなことをテレビの前で言えたな……」と思うフレーズもありますが、反響が大きかった言葉をいくつか紹介します。

反響の大きかったあの言葉

二〇一八年三月二日、森友文書の改ざんが発覚したときは、思わずこんな言葉が口から出ました。

「安倍政権の底が抜けた」

この言葉はテレビのニュースで大きく取り上げられ一気に拡散していきました。

その後、近畿財務局職員の赤木俊夫さんの自殺があったときには、次のように述べています。

「地獄の釜の蓋が開いた」

ドロドロした疑惑が、官邸という釜の中でぐつぐつ煮立っているような構図が頭の中に浮かんだのです。

森友に続いて加計学園の問題が出てきたときは、記者から「次から次へと問題が出てきて、辻元さんも大変じゃないですか？」と聞かれ「まるで疑惑のもぐら叩き」と答えました。

その数日前には疑惑の「日替わり定食」と表現したのですが、追及しても追及しても疑惑がどんどん出てくるので、ゲームセンターのもぐら叩きが頭に浮かんだのです。今でも「もぐら叩きは続いていますね」と声をかけられることがあります。

毎月勤労統計調査の不適切処理で根本匠《たくみ》厚生労働大臣がやり玉に上がっていたときは、「厚労省は『根本《ねもと》』から変えなければいけない」と発言しました。NHKの昼のニュースでは、「ねもと」とわざわざ字幕にルビまでふって放映されました。

これには記者団もカメラを止めたとたん大爆笑でした。すぐに自民党の元大臣経験者から「今日のコメントは秀逸だったたな」とメールがきました。自民党国対の事務局ではニュースを全部チェックしているのですが、国対に詰めている議員たちが大爆笑だったらしいのです。時にはユーモアも大事です。

年金の「老後二〇〇〇万円問題」が起こったときは、麻生大臣が「正式な報告書としては受け取らない」と発言しました。それを受けて翌一二日、森山国対委員長が記者団に対し、次のような発言をしました。

「政府は受け取らないと決断しました。ですから、報告書はもうありません」

金融庁の報告書はれっきとした公文書です。財務省のホームページにも掲載されていて、誰でも閲覧することのできる文書です。それを「ない」というのです。

記者から「森山さんの発言、どう思いますか？」と問われ、私はこう答えました。

「うーん、無理ありますね。ヘリクツ、ヘリクツ」

その夜のニュースはどの番組も「ヘリクツ、ヘリクツ」が流れていました。

翌日、森山さんから、こんなことを言われました。

「いやあ、昨日の『ヘリクツ、ヘリクツ』は痛かったなあ」

森山さんの事務所では、抗議の電話が鳴りっぱなしだったそうです。

政治というのは時には「言葉」でたたかうこともあります。「言葉の力」があるかないかで、局面は大きく変わってきます。

野党は、数の力で大きく負けています。そんな野党が政治を動かすには、言葉の力を使って対抗するしかありません。言葉は野党の、数少ない「武器」なのです。

そのためにも、いい言葉を思いついたらすぐ書き留めることができるように、私は常にポケットサイズのノートを持ち歩いています。夜、寝るときも、ノートを枕元に置いています。いい言葉は朝方に下りてくることがよくあるからです。

「辻元をなんとか黙らせられないのか」

総理番をしていた記者から、当時、官邸が私の発言をチェックしてピリピリしていたと聞きました。

国対委員長の仕事は「プレゼンス」

ある国対委員長経験者から、こんな話を聞いたことがあります。「国対委員長の一番の仕事はプレゼンスだ」と。つまり、そこにいることが重要だということです。

たいてい朝は、誰よりも早く国会内に入ります。朝早く起きて、ひと通りニュースをチェックし、七時過ぎには国会議事堂内に入るようにしていました。

たいてい、私か森山委員長のどちらかが一番乗りでした。どちらが先に国会に入るか、毎朝、競争していたようなものです。そして、一番遅くまで国会議事堂内にいるのも国対委員長です。国会議事堂へ入ると、一日中、国対委員長の部屋にいます。政治は生き物で、いつ何が起こるかわかりません。大臣のひと言の失言で、流れが一八〇度変わることもあるのです。国対はあらゆることに即対応しなければならないのです。だから、誰よりも早く来て、誰よりも遅く帰ることになるのです。

森山委員長の前任の竹下亘《わたる》委員長は国対委員長退任後、私に「やっと座敷牢《ざしきろう》から解放された」とすがすがしくおっしゃいました。

宿舎に帰ってからも夜遅くまでニュースをチェックします。仲間の質問が大きく扱われていたら「今、テレビ映っていたよ。すごくいい質問だったね」と電話します。私も質問を褒められたら何よりも嬉しかったので、キャリアの浅い議員への労《ねぎら》いを心掛けていました。

日付が変わったころ、ようやく布団に入ります。ところが身体はクタクタなのに、次々といろんな問題が頭に浮かび眠ることができません。そうこうしているうちに、すぐ朝になってしまいます。

森山委員長も「朝早く、突然目が覚める」と言っていました。「そうか、相手もそうなんだ」。国対の仕事は、体力と気力の持続が重要だと痛感していました。

そんな私を支えてくれたのは、貴重なアドバイスをくださった先輩方です。民主党で国対委員長を務められた川端達夫元副議長もそのお一人です。

「国対委員長というのは、終わったことは全部忘れないと生きていけない。絶対、後ろを振り返るな。前だけ見ていなさい」

ああすればよかった、こうすればよかった、と後悔ばかりしていた私は、その言葉にハッとしました。さらにこんなことをおっしゃいました。

「国対委員長は、相手からも味方からも叩かれるものだ。こちらの言い分が一〇〇％通ることはない。だから六〇％で手を打つ。すると、味方からは腰砕けだと言われる。どちらにしても批判されるのだから腹をくくりなさい」

そう言われて、気持ちがスッと軽くなったのを覚えています。

また、自民党で国対委員長を務められた古賀誠さんからいただいた、こんなアドバイスも思い出しました。

「舞台には『ト書き』までつくってから上がりなさい」

ト書きというのは、脚本に書かれたセリフ以外の部分のこと。とことん交渉をして、このへんで合意できそうだなと確信してから表に出すことが大切だということなのです。

もともと私は、予算委員会で歴代の総理大臣と論戦をしてきた議員です。「国対委員長だけど、委員会で質問したらおかしいかしら？」といろんな人に相談をしたこともありました。

「いいんじゃない？　歌って踊れる、新しい国対委員長になりなよ」と言う人もいました。でも、ある先輩のアドバイスで質問に立つことは封印したのです。

「辻元さん、それはおやめになったほうがいい。女軍師にならなきゃだめだ」

女軍師——河野洋平元衆議院議長のこのひと言が、私の心にグサリと突き刺さりました。

社民党の「国対族」だった村山富市元総理からは、ただひと言。

「大事なことは一つだけ。できることしか言うな。約束したことは絶対に守れ」

味方に対してだけではありません。交渉相手にも、できることしか言わない、約束したことは守ることが大切だというのです。たとえ相手がタヌキでも、約束を守らなければ信用を失って、交渉が成り立たなくなる。貴重なアドバイスでした。

戦争でも交渉の窓口だけは確保するように、国会で対立していても国会運営を協議する窓口がなくなったら、多数が好き勝手に振る舞う無法地帯になってしまいます。

民主主義がしっかり根づき、傾かないようにするために、与党・野党を問わず国対委員長たちは立法府を支える。そんな柱のような存在だ、と思うようになりました。

第二章　調査力と論戦力で官邸を動かす

人命を左右する「裁量労働制」問題

二〇一八年一月二二日、通常国会（第一九六回国会）が開会しました。私の国対委員長としての本格的な活動が始まりました。

当初、この国会は六月二〇日までの一五〇日間の予定でした。ところが三二日間延長され、七月二二日までの一八二日間にわたる長きたたかいとなりました。

この国会での目玉はいわゆる働き方改革関連法案でした。長時間労働を規制することに異論はありませんが、一方で残業しても残業代を払わなくて済む「定額働かせ放題」とでもいうべき裁量労働制の適用拡大など、見過ごせない内容も盛り込まれていました。

裁量労働制というのは現行法でもすでにある制度です。たとえば、ある人は一日八時間働いたことにして、それより労働時間が長くても短くても一定の給料を支払う、というもの。安倍政権はそれを営業職にも拡大しようとしていました（ただし、どんな「営業職」が該当するかは一切答えていませんでした）。

安倍政権は働く人に「裁量」があるから自由な働き方が可能になる、と主張していました。しかし、上司から「仕事が早く終わったらこれをやって」と言われる人たちに「定時なので帰ります」と言える裁量があるでしょうか。

次に挙げるのは、佐々木亮弁護士の「裁量労働制とはこういう制度」（Ｙａｈｏｏ！ニュース）という記事です。

労働者は、使用者から下る業務命令を遂行することで労務を提供します。

すなわち、

1．使用者から「これをやれ」と命令がなされる

2．労働者はそれを遂行する

3．労働者は仕事の結果を使用者へ渡す

これが労働者のお仕事サイクルです。

このうち、2.だけに裁量がある制度ということです。

そうです。1.には労働者に裁量はないのです。

これは、要するに、業務量については労働者には裁量がないということを意味します。

（中略）

(-"-)「仕事が多くて終わらないッス」

(°Д°)「仕事の進め方は自由でいいぞ」

(-"-)「いや、仕事が多すぎるんです。終わらないんです」

(°Д°)「でも、仕事の進め方は自由だぞ」

(-"-)「……（怒）」

ということになります。

安倍政権の目玉法案ではこの制度を営業職に拡大しようとしていました。ただでさえ営業職というのはグレーゾーンが多いといわれる仕事です。「裁量労働制」が導入されたら重いノルマだけが課せられ、そのための経費（接待費）などは誰が持つのかもわからなくなり、過労死する人も増えるのではないか――。私たちはそんな懸念を抱いていました。

また、先の衆議院議員総選挙では与党が三分の二以上の議席を獲得しました。そのため安倍総理は二〇一八年を「憲法改正の年」と考えている様子がうかがえました。実際、国会が始まる一か月前には、自民党憲法改正推進本部が「改憲四項目」を掲げた「憲法改正に関する論点取りまとめ」を発表しています。①自衛隊について、②緊急事態について、③合区解消・地方公共団体について、④教育充実について、の四つです。

私たち野党は、年明けすぐに野国連（野党国対委員長連絡会）を開き、裁量労働制と憲法改正に歯止めをかけることを改めて約束しました。

ボロボロ出てくる数字のウソ

ところが一つ、困ったことがありました。この年の二月九日から一七日間にわたって行われた平昌冬季オリンピックです。どれだけ予算委員会で頑張っても、テレビはオリンピックの報道一色になってしまったのです。

私は悩みました。これでは世間の目がオリンピックに向いているうちに、問題のある法案や憲法改正の論議が進んでしまう可能性があるのです。

とにかく、眠っていても「どうしよう」と考えているようで何回も目が覚めます。当時、予算委員会の責任者の筆頭理事は逢坂誠二議員でした。逢坂さんは朝四時過ぎには起きているという話を聞いたことがあったので、いつも朝五時には電話をして予算委員会の作戦の相談をしました。

そんな中、前述したように、大島理森議長を中心に超党派の議員で「日韓議会未来対話」で訪韓することになったのです。あれだけ気にしていたオリンピックを、こんな形で観戦することになるとは……。

平昌に向かう列車の中でも、週明けからの予算委員会のことが頭を離れません。まわりの議員は「誰が演技する」などと興奮して歓談していましたが、私はそれどころではありません。

平昌では女子スケートの試合を観戦することになりました。そこには開会式に参加した安倍総理の姿もありました。スケート観戦中も、スケートリンクの向こう側で応援する安倍総理との論戦のことばかりが頭の中をグルグル回ります。攻めあぐねたまま、韓国に来てしまったからです。そこで試合の最中、思いあまって長妻昭さんにメールを送りました。

「長妻さん、働き方改革の件で質問をしてもらえませんか?」

すると、長妻さんからすぐに返信がありました。

「ご苦労さま。平昌にいるときくらいはオリンピックを楽しんでください」

私は我に返りました。ここで悩んでいても仕方がない、と。しかし、出張中も一睡もできませんでした。

このころ野党は共同でいくつかのテーマを調査していました。法案の問題点や疑惑について、それぞれ得意とする議員を中心に追及チームをつくり野党合同ヒアリングの形で共有化していく、というスタイルを固めつつありました。私たちは野党国対で相談を重ね、政府の目玉法案である働き方改革関連法案の精査からスタートすることにしました。

すると、韓国から帰国後、思わぬ事態が起こりました。「数字のウソ」がボロボロ出てきたのです。これが裁量労働制をめぐる、いわゆる「不適切データ問題」です。

きっかけは一月二九日の予算委員会で、安倍総理が厚労省の調査を取り上げ、次のように答弁したことです。

裁量労働制で働く人の労働時間は、「平均的な方で比べれば、一般労働者よりも短いというデータもある」。

そのデータには、一日の平均労働時間が裁量労働制で働く人は九時間一六分、一般労働者は九時間三七分と記載されていました。私は本当かな、と疑問に思いました。そういう会社もあるかもしれないけれど、私たちが労働団体などから聞いていた実態とはかけ離れていたからです。

やがて、法政大学の上西充子《うえにしみつこ》教授の分析や野党の指摘で実態がわかってきました。厚労省の調査が本来比較できない調査結果を比較して「裁量労働制のほうが働く時間が短くなる」という結論を示していたのです。具体的には一般労働者の「最長の労働時間」と、裁量労働制で働く人の「通常の労働時間」を比較していました。

のちに上西さんは「国会パブリックビューイング」を立ち上げ、ニュースで切り取られがちな国会論戦をそのまま解説つきで中継するという手法で現場の緊張感や政府答弁のおかしさを伝えてくれるようになりました。

元厚生労働大臣の長妻さんは野党会合の席で「野党が（裁量労働制は）長時間労働につながると主張しているので、短く見せようという意図が働いたのではないか」と指摘していました。それに対して厚労省幹部は「意図的な数字をつくって出したわけではない」と記者団に説明しました。

私たちは追及を続けました。答弁の根拠を崩された安倍総理も逃げられなくなりました。こうして二月一四日の予算委員会で「（裁量労働制のほうが労働時間は短いとした発言について）総理大臣として厚労省の上げてきたデータをもとに答弁をしておりますから（中略）、我々はお詫《わ》びをさせていただき、そして撤回をさせていただいたわけでございます」と安倍総理を陳謝に追い込みました。

加藤勝信厚生労働大臣も不適切なデータを答弁の根拠にしていたことを認め、謝罪しました。しかし、裁量労働制の拡大そのものは諦める気配はありませんでした。

これは本当にただの「間違い」なのだろうか。当時、私たちは厚労省に政府調査の元データを出すよう強く求めていました。ところが厚労省はこちらの要求を拒んできました。法律をつくる根拠のデータが崩れるのは、政府がもっとも嫌がることです。

出せ、出さない、と森山委員長とやり合いましたが、自民党国対サイドも厚労省のずさんなデータ処理に怒っていたようでした。

「攻める野党」へ

安倍総理の「発言撤回」と加藤厚生労働大臣の「謝罪」は厚労省にとって大きなダメージとなり、二月二〇日、厚労省はとうとうデータを出さざるを得なくなりました。

エクセルのデータを受け取った私たちは、さっそく分析を始めました。国対委員長室でも、私の秘書がすみっこに陣取ってパソコンで解析を始めました。すると、ものの一時間もたたないうちに秘書がおかしな顔をし始めたのです。たまたまそこにいた長妻さんと秘書が、こんな会話を始めました。

「同じサンプルで、『一週間』の労働時間が『一か月』の労働時間より長いっていうのはおかしいですよね」

「ありえないな」

「一番長く働いた『一日』の労働時間が、『一か月』の労働時間数よりも長いっていうのも」

「……ありえないな」

「なんか、そういう数字がたくさんあるんですけど」

「ちょっとここも解析かけてみてくれないか」

私の秘書は文系でエクセルも基本的な操作しかできません。言わば、素人が見てもおかしなデータが数十件もあったのです。長妻さんは、いろんな角度からその場でチェックを始めました。

さらに当時、希望の党の国対委員長代理だった山井《やまのい》和則議員が、ひょいと立憲国対に顔を出しました。長妻さんのもとで厚生労働大臣政務官を経験し、民進党時代に国対委員長を務めた山井さんは、工学部出身でデータ分析には定評がありました。野党の厚生労働部門を代表するこの二人が、そろって「このデータそのものが怪しい」と言い始めたのです。

そこから長妻さんを中心に、山井さんや逢坂さん、岡本あき子さん、厚労委員会の筆頭理事だった西村ちなみさんや尾辻かな子さんなど、調査力にすぐれたメンバーがこの問題に取り組み始めました。秘書たちも国対の部屋に詰め数字のチェックをかけていきます。すると、ありえないような間違いがボロボロ出てきたのです。

たとえば、一般労働者の残業時間を「一日四五時間」としている箇所がありました。一日は当然、二四時間です。一日四五時間の残業など現実的にありえません。こうした信じられないような数字の間違いは、その後も毎日のように見つかりました。「一か月の残業時間は書いてあるけれど、一日の残業時間はゼロ」という間違いが、一日二〇〇か所見つかることもありました。

当時、国対には、あちこちでこんな「ミニ工房」が生まれていました。特徴的だったのは議員、職員、秘書の垣根を越えて、プロジェクト型で作業を進めていたことです。多くの政党では「議員は議員、秘書は秘書」という不文律がありますし、議員にとって「質問のネタ」というのは自分だけで抱えたくなるのが普通です。しかし、人手も時間もなかった私たちは、総出でデータの矛盾を見つけシェアしました。

長妻さんは、それが明白におかしな値でも「政府を逃がさないように」と発見した数値を一つひとつ厚労省に確かめ、「ご指摘の通り異常値です」と確認を取ってから表に出していきました。チームの士気は高かったと思います。枝野さんも、チームの動きに細かく目配りしていました。

こうして固めた事実を、長妻さんたちは厚労委員会や予算委員会で「こういうことはありえますか」と追及していきました。最初は逃げ切りをはかっていた加藤厚生労働大臣も、渋々「常識的にありえません」と認めざるを得なくなりました。

ここまでデータがずさんということになれば、もはや恣意的だったかどうかは関係なく、議論ができないということになります。

私たちの反転攻勢が始まりました。「攻める野党」に転じた瞬間でした。

労働時間は単なる「数字」ではない

「この法案は、人の生き死にがかかっているんですよ」

私は森山委員長に、こう言って迫りました。「定額働かせ放題」ともいえる裁量労働制の範囲を広げることで、過労死が増えることは目に見えていました。

二〇一五年には、大手広告代理店の電通に勤めていた高橋まつりさんが二四歳の若さで過労を苦に自殺しています。ただでさえ過労死が社会問題になっている今、ここで引くわけにはいきません。

私は間違いだらけのデータを森山委員長に見せて、裁量労働制を法案から切り離すよう迫り続けました。

「労働時間というのは単なる数字ではないんです。一人ひとりの人生そのものなんです。与党が行ってきた規制緩和によって、派遣社員、アルバイトなど非正規雇用の人たちが、今どんどん増えています。そのうえ裁量労働制を営業にまで拡大してどれだけ働いても残業代ゼロということにしてしまったら、若い人たちの生きる希望はなくなってしまいますよ」

また、過労死された被害者の遺族の方に野党合同ヒアリングで証言していただく機会もつくりました。「全国過労死を考える家族の会」代表の寺西笑子《えみこ》さんは、働き方改革関連法案は長時間労働を助長する内容だとした上で、こう述べました。

「根拠となる数字が、呆《あき》れたことに事実でないという。命につながる問題なのに、間違った数値を根拠にして国が推し進めようとしていることに怒り心頭だ。ぜひ阻止して、安全を確認した上で一から働き方を議論するという順番が必要だ」

こうして裁量労働制は大問題という気運が徐々に高まっていきました。最初は「そんなことできませんよ」と拒否していた森山委員長も、データの間違いが毎日のように見つかり、それが新聞やテレビを賑《にぎ》わせるようになると、態度を軟化させていきました。

ある日、森山委員長が、「データ間違いの件は、私も厚労省から説明を受けているので、実態を把握しています」と言うので、私が「厚労省からどんな説明を受けたんですか?」と尋ねました。すると、なんと森山委員長には「厚労省みずからデータの検証を行った結果、間違いが見つかった」というような説明をしていたというのです。

厚労省は検証などやっていません。データの開示さえ最初は渋っていたほどです。検証はすべて、長妻さんや山井さん、秘書たちのチームが手作業で行い少しずつ間違いを発見していったのです。

森山委員長は初耳だったのでしょう。「本当ですか?」と驚いた様子でした。

さっそく森山さんは厚労省の役人を呼び真偽をただしました。すると役人は、「実は野党からのご指摘で間違いが見つかっております」と白状しました。

私は繰り返し自民党関係者の説得にあたりました。しかし、働き方改革と裁量労働制の導入はセットだという官邸の意向は変わりません。政府の鳴物入りの目玉法案の内容を野党の指摘で提出前に変えるなどということは政府のメンツにかけて絶対にできない、とかたくなでした。

「こんなボロボロのデータが根拠の法案なんて委員会審議の議論に耐えられませんよ」「今、撤退したほうが、政府・与党のためではないですか」

連日、攻勢をかけました。

「統計」はなぜ大切なのか?

ありえない数のデータ間違い、与党の国対委員長への虚偽の説明……。その後も、毎月勤労統計調査の不正問題をはじめ厚労省の不祥事は続いています。厚労省だけではありません。財務省も文科省も改ざんや不正はとどまるところを知りません。なぜこんなことが起きるのでしょうか。

この不適切データ問題は安倍総理が、裁量労働制で働く人の労働時間は、「一般労働者よりも短いというデータもある」と答弁したことが始まりでした。厚労省の官僚たちの中には内心「あれっ?」と思った人もいたはずです。ところが安倍総理はなんとしてでも野党の追及を乗り切りたかったのでしょう。それでデータの真偽を精査せずに答弁の場で断定してしまったのです。

きちんと真実を伝えることよりも、国民を偽ってでも自分の思惑を突き通そうとする。これは安倍政権のいつもの「やり口」です。そのため官僚は安倍総理の答弁に合わせたデータをそろえ、説明をしなければならなくなってしまうのです。挙げ句の果てに、虚偽であろうが、捏《ねつ》造《ぞう》であろうが、改ざんであろうが、官僚は手を染めてしまうことになるのです。そんなことが今でも繰り返されています。

統計というのは国家にとってきわめて重要な柱です。麻生太郎副総理の祖父である吉田茂元総理も統計の重要性を心得ていた一人です。

終戦直後、当時は外相だった吉田元総理はGHQ（連合国軍最高司令官総司令部）のダグラス・マッカーサー最高司令官に「このままでは餓死者が大勢出る」と訴え、米国から大量の食糧を送らせました。ところが、吉田元総理が言っていたような状況にはなりません。マッカーサー司令官は「日本の統計はでたらめだ」と詰め寄りました。すると吉田元総理はこう返しました。

「日本の統計が正確だったら、米国と戦争などしていない」

裏を返せば、統計がでたらめだったからあんな戦争を起こしてしまったと言っているのです。

平和のために、国民の生命を守るために、統計はきわめて重要であることがこのエピソードからおわかりいただけると思います。

ついに国会が止まった

私は自民党サイドに裁量労働制の切り離しを繰り返し求めました。しかし、事態はいっこうに進展しません。

ウソのデータをもとに総理が答弁し、ウソのデータをもとに法案を通そうとする。「一事が万事」という言葉があります。これでは何を信じてよいかわかりません。

そこで二月二一日、裁量労働制に関するデータに一〇〇件を超える異常値が見つかり法案の信頼性が大きく揺らいだその日、野党六党は次の四つの申し入れを行いました。

①「平成二五年労働時間等総合実態調査」の再実施を含む、裁量労働についての全般的な再調査

②「働き方改革」関連法案の提出を見送ること

③佐川宣寿《のぶひさ》国税庁長官、安倍昭恵総理大臣夫人、加計孝太郎氏の証人喚問の実施

④上記のことを申し入れるための与野党幹事長・書記局長会談の開催

こちらの文書を与党幹事長に提出するため森山国対委員長の部屋に持って行ったのです。それに対する二月二六日の返答が次の文書です。

○裁量労働制については、野党からの申し入れを踏まえ、与党からも政府に一層の努力を申し伝えた。政府もデータの精査や可能な部分の開示について真摯に対応する意向を示している。与党としても、引き続き国民に対する説明責任を果たすよう申し入れていく。
○野党要求の証人喚問については、引き続き現場で協議させたい。

一読してわかるように、何かを言っているようで何も言っていません。このころまでは政府も強気な対応でした。

そこでその日のうちに、再度次のような申し入れを行います。全文をご紹介しましょう。

野党六党の幹事長は、一致して再度の与野党幹事長・書記局長会談を求める。今日受け取った与党側の回答を認めるわけにはいかない。国民の生活と命に関わる裁量労働制に関して再調査を求めることは当然のことであり、このことについて何の言及もなかったことは遺憾である。再調査をするべきだということについて、再度回答を求める。

また、法案提出を認めるかどうかについても、何も答えていない。本日の予算委員会の審議で安倍総理は、法案提出の如何《いかん》について党の判断がいるという答弁をされたが、だからこそ与党として法案をこの状況で提出することを認めるのか、明確に答えを求めたい。

そのために再度の与野党幹事長・書記局長会談を開催し、明確な回答を求めていきたいということで一致をした。

その回答があるまでは、予算委員会、財務金融委員会、総務委員会の理事会を開催するべきではない。もちろん採決などは論外である、ということで一致をした。

立法、行政、司法が独立しているからこそ、それぞれ緊張関係を保って間違いをただすことができます。それが三権分立の基本的な考え方です。もし行政府がいい加減なデータを出してきたら、与野党関係なく立法府として一緒にチェックをしなければなりません。

私は森山委員長にこう呼びかけ続けました。

「国対委員長は、与野党問わずそれぞれが立法府という土俵を支える柱です。柱が腐ってきたら立法府そのものが成り立たないのですから、しっかり立ってください。森山委員長は大黒柱でしょう?」

これは本心でした。自民党は必ずしも「敵」ではありません、与野党協力して政府の間違いをただそうと迫り続けたのです。

与党から明確な回答があるまでは審議を進めることはできません。こうして私たちは国会を止める決断をしたのです。

二階幹事長を深夜まで「監禁」

国会を止めた二六日、私は自民党サイドに次のような要請をしました。

「二階さんに幹事長会談を受けるよう、電話して聞いてみてください」

森山委員長が連絡を取ると、二階俊博幹事長は外出先の横浜から急遽《きゅうきょ》引き返す決断をしました。私たちはファクトで勝負していました。明らかに与党が不利な形勢です。ここで野党との話し合いを拒否することはまずい、予算成立に向けての大事な局面だ、と判断したのだと思います。

「よっしゃ、与野党幹事長・書記局長会談がセットできた」

国対間で膠着状態になったら、レベルを上げて幹事長間の問題にするのです。こうして二〇時半から、国会の常任委員長室で与野党幹事長・書記局長会談が開かれることになりました。

与党は二階さんと、公明党の井上義久さん、野党は立憲民主党の福山哲郎さん、民進党（当時は衆議院の無所属の会は参議院に残った民進党に所属していた）の増子輝彦さん、希望の党の古川元久さん、日本共産党の小池晃さん、自由党の森裕子さん、社民党の吉川元さんがそろいました。私たち国対委員長も陪席しました。

自民党としては、翌日には衆議院で予算を通したいという思惑がありました。年度内に予算を成立させるためです。そのためには、この会談をさっさと終わらせて、深夜になってもその日のうちに財務金融委員会と総務委員会を動かして予算関連法案も処理する腹づもりもあったでしょう。

衆議院内の常任委員長室に、与野党の幹事長・書記局長、国対委員長が勢ぞろいしました。

私たちは二階さんを必死で説得しました。

「間違いだらけのデータをもとにつくられた法案を今国会に出したら、野党もメディアも黙っていませんよ。与党もきっと大きなダメージを負うでしょう。勇気ある撤退をして、法案を出し直すほうが身のためだと思うんです」

二階さんは黙って、私たちの話をずっと聞いていました。そして二一時を過ぎたころ、ようやく口を開きました。

「いったん休憩しよう」

私たちはそれぞれの控え室に戻りました。

ところが院内テレビ（国会での各委員会の審議の放映）をつけて驚きました。財務金融委員会に麻生大臣が出席して、今まさに始まろうとしているのです。話し合いは休憩で中断しているのに、委員会を野党の了承なく動かそうとしたのです。私はすぐさま森山委員長に電話をかけて抗議しました。

「森山さん、こんなのだまし討ちじゃない！　二階さんは休憩って言っていたでしょ。どうして委員会を私の了解もなく動かすのよ！」

「わかりました、ちょっと待ってください」

しばらくして電話がかかってきました。

「申し訳ありません。止めました」

どうやら自民党は常任委員長室の前に伝令を配置して、会談が終わったらすぐに財務金融委員会と総務委員会を動かそうと準備をしていたようです。各党幹事長が部屋から出てきたのを見た伝令が会談が終了したと勘違いして、ゴーサインを出してしまったのです。

いずれにしても、私たち抜きで勝手にシナリオを描いていたことには変わりません。二二時ごろ、再び常任委員長室に集まった私たちに、森山委員長が口火を切りました。

「私が指示してやったことです。すべては私の責任です。二階幹事長は何も悪くありません」

「森山さん、どう責任取るの。今、この場で国対委員長を辞めるんですか?」

今振り返ると、まるで子どものケンカのようですが、それくらい私たちはエキサイトしていました。するとしばらくして二階さんが先ほどと同じセリフを口にしました。

「いったん休憩しよう」

明らかに、自民党は追い詰められてきています。

今度は私たちも財務金融委員会と総務委員会の部屋の前に人を張りつけました。そして、もしおかしな動きがあったら大騒ぎしろと指示しておきました。

三度目に集まったときは、すでに二三時を過ぎていました。

「私たちがここで議論している間にも、データの間違いが四八個、見つかったんですよ」と私は二階さんに伝えました。

「明日も見つかるかな?」と二階さん。

「ええ、きっと見つかるでしょうね」と私。

二階さんは、また同じセリフを口にしました。

「いったん休憩しよう」

このとき二階さんが休憩、休憩と言って時間を引き延ばしていたのは、二階さん独特の政治的勘が働いたのかもしれません。ここで野党の言い分も聞いて法案の修正に応じたほうが、のちのち政府・与党の傷が浅くなるな、といった計算をめぐらしていたのでしょう。老獪《ろうかい》な政治家の味は危機のとき滲《にじ》み出ます。

二四時の攻防戦

次に集まったときには時刻は二三時半を回っていました。このまま日付が変わったら、財務金融委員会、総務委員会は明日に持ち越しになり予算成立が遅れます。自民党としては、なんとしてでも今日中に開きたい。しかし、こちらも相手が要求をのむまで引き下がることはできません。

二階さんの背後に控えている林幹雄《もとお》幹事長代理が、そわそわした様子で腕時計を確認しています。林さんは二階派の「番頭役」で、どんなときも二階さんのそばについています。

残り二〇分を切ったころ、しびれを切らした林さんが二階さんにそっと紙を渡しました。横に座っていた福山さんが紙をのぞきこみました。そこには「では、今日の話し合いはこれで終わりにします」と書かれていたのです。

「何ですか、これは！　林さんが幹事長に指示を出すなんておかしいでしょう」

場の空気が一気にヒートアップします。すると、二階さんの隣に座っていた公明党の井上幹事長が二階さんの身体を抱えて部屋の外に出そうとします。

「二階さん、もう終わりにしましょう。部屋を出るんです」

野党側から「井上さんは黙ってて！」という声が飛びます。今度は陪席していた森山委員長が「私はもう出ます」と立ち上がりました。

自由党の森裕子さんが「あなたたちは、だまし討ちをしたのね！」と言い放つと、「俺は人をだましたことなんてない！」と二階さんが怒る。みんなの頭の中に、「えっ、だましたことないの？」というツッコミが浮かんだのは言うまでもありません。

最後の二〇分は、本当に長く感じました。あと一〇分、あと七分……時計をチラチラ見ながら、必死でしゃべり続けていました。議論はこのまま平行線をたどり、ついに時計の針が二四時を指しました。

二階さんが「お開きですね」と宣言しました。与党も野党も、疲れ果てていました。

私は二階さんに「朝になったら、官邸に行ってください。この法案には見過ごせない問題があることが二階さんもよくわかったはずです。安倍総理や菅官房長官にそのことを伝えてくださいよ」と念を押すと、二階さんは「持ち帰らせてくれ」と言い残し真夜中の会談はお開きとなりました。

二階さんは朝一番に官邸に乗り込みました。そこでどんな言葉が交わされたのか、私の知るところではありません。ただ、「官邸と相談する」という約束は守ったわけです。

朝九時、野党各党の国対委員長が集まって今後の方針を話し合いました。納得いく返事がない限り今日も国会は動かさないこと。相手は力でくるかもしれないから、こちらも力で対抗できる部隊を準備しておくこと。これは国民の命を守るたたかいだから多少手荒になっても徹底抗戦すること。こうしたことを確認し合いました。

ついに官邸がギブアップ

しばらくして森山委員長から電話がありました。相談したいことがあると言うのです。一五時きっかりに、私の事務所に現れた森山委員長はこう切り出しました。

「裁量労働制は法案から切り離すことにしました。その代わり、明日の二四時までに予算を通してください」

私は予算を「人質」に取っての、徹底抗戦の姿勢を崩していませんでした。

「官邸や厚労省をまとめきっているのですか？　まだ信じられませんね。予算が通ってから、やはりあれはなかったことに、なんてことになりませんか？」

マスコミ関係者の中からは、裁量労働制の切り離しをちらつかせて予算の採決に野党をおびき出そうとしている、との憶測も聞こえてきていたので用心していたのです。

森山委員長は「信じてください」と繰り返します。口約束だけで済むような軽い問題ではありません。

「明日の予算委員会の締めくくり総括質疑で安倍総理に裁量労働制を切り離すことを匂わせる答弁をさせます」と森山委員長。

「どういった内容の答弁ですか？　事前に示してもらわないと、うんとは言えません」

「わかりました」

私はこのあたりが落としどころだな、と思いました。この話に乗らなければ、裁量労働制を切り離さずに強行採決されてしまう可能性があります。実を取ることが大切だと判断しました。

「あなたを信じましょう」

安倍総理の答弁は、翌二八日の九時から始まる予算委員会で行うことになりました。自民党サイドが答弁の「台本」のたたき台を朝までにつくり、私に届けることになりました。

翌朝の七時半、議員宿舎の会議室で森山委員長と私が対峙しました。「ここはもっとはっきり」「説明が足りていない」など、手書きで修正を加えていきます。自民党に持ち帰って「この言いぶりはこう変えられないか？」などとこちらへも提案してきます。

微妙な言葉のニュアンスで受け手の印象が大きく変わることはよくあります。質問者がこう尋ねたら、安倍総理がこう答える、それに対して質問者がこう尋ねる……。一言一句、細部にいたるまで修正を繰り返しました。

このとき私は、かつて自民党の古賀誠さんからいただいた「舞台には『ト書き』までつくってから上がりなさい」というアドバイスを思い出していました。

こうしたやりとりを何度か繰り返し、なんとか予算委員会が始まる九時直前に答弁が完成しました。質問者は現在、立憲民主党の政務調査会長を務めている逢坂誠二さんでした。逢坂さんは当然、今日は絶対に採決させないと息巻いていました。

私はそんな逢坂さんに「台本」を渡しました。

いよいよ、逢坂さんの質問が始まり、院内テレビの前でハラハラしながら見守っていました。

安倍総理は逢坂さんの質問に対し、次のように答弁しました。

「裁量労働制の議論に関連して、厚生労働省のデータに疑義があるとの指摘を受け、精査をせざるを得ない事態となったことは重く受けとめています。（中略）実態把握しない限り、政府全体として前には進めない」「（期間は）相応の時間を要するものと考えております」

「政府として前には進めない」と言い切り、「相応の時間を要する」とは、裁量労働制の導入は諦めると言うに等しい答弁です。

安倍総理の答弁は、私たちが議論を重ねたものと同じでした。野党の調査と論戦で、政府の間違いを改めさせた瞬間でした。

立法府始まって以来の快挙

政府（行政府）が間違った法案を出してきたら立法府で改めさせる。私は「本来の立法府の役割を果たせた」と思いました。

自民党・公明党の与党にとってもメリットがあるはずだと考えていました。この法案をそのまま提出し審議に入ったら、さらに間違ったデータが出てきて与党は立ち往生する。国会運営が立ちゆかなくなることを自民党執行部は恐れていると感じていたのです。

二階幹事長や森山委員長は「このまま突き進んだら国会運営に責任は持てませんよ」と総理に迫るのではないか、と感じとっていたのです。

野党の力を使って厚労省や官邸にプレッシャーをかけ、党（自民党）が官邸を結果的に助けた、という見方もできるのです。官邸主導の政治といわれてきましたが、久しぶりに党が官邸をねじ伏せたようなパワーバランスの変化が起こったのです。私は自民党サイドにとっても悪い話ではないはずだ、と瀬踏みしながら交渉を進めていました。

圧倒的な「数」を「理」で抑え込む。そのためには、相手に得だと思わせて、相手の力も借りて事態を動かしていく。「野党はバラバラ」と揶揄されてきましたが「やればできる！」と心の中で叫んでいました。

「これで過労死に追い込まれる人たちを減らすことができる」と、心底ホッとしました。

一転削除　政権打撃／「働き方」法案　首相、深夜の撤退

（「朝日新聞」二〇一八年三月一日）

働き方改革関連法案をめぐる不適切なデータ問題で、安倍政権が大きなダメージを受けた。ミスの発覚が相次ぎ、安倍晋三首相は28日、法案の一部削除と提出時期の延期を決断。火消しに追われるなか、予算案の審議は参院に舞台を移す。

28日深夜、首相官邸。安倍首相は自民党の二階俊博幹事長、岸田文雄政調会長、公明党の井上義久幹事長らを招いた。8本の法案を束ねた関連法案のうち、裁量労働制の対象拡大部分を全面的に削除する方針を示し、「データをめぐって混乱が生じて大変ご迷惑をおかけしている」と陳謝した。その後、記者団の取材に「厚生労働省において実態を把握した上で、議論をし直す」と述べた。

政権を直撃した厚労省のデータ問題。自らの答弁を撤回、謝罪に追い込まれた末、連日のように異常値がみつかる。この日も一般労働者の1日や1週間の残業時間が「ゼロ」なのに、1カ月の残業時間が記載されたケースが57件、新たに判明。異常値はのべ400件を超え、さらに増える可能性も出てきた。

これまでは、特定秘密保護法や安全保障法制など野党の厳しい批判があっても、圧倒的多数を握る与党の力を背景に、一切譲らずに押し切る国会運営を続けてきた。今回は不手際が相次いで発覚する状況に、首相側は「このデータで理解を得ることは無理だ」との判断に至った。

ただ、裁量労働制の対象拡大は経済界が強く要望してきた。残業時間の上限規制と一括で法案化することで理解を得てきただけに、首相周辺は「明らかに政府のミスで、経済界には何の瑕疵《かし》もない」と語る。（中略）

「お答えできないということでお許し頂きたい」

衆院予算委で2018年度予算案が可決された後、野党6党が合同で開いた会合に呼ばれた厚労省幹部はひたすら頭を下げ続けていた。安倍首相が予算委で表明した「実態把握」の内容について野党議員から何度も問いただされたが、何も答えられなかったからだ。

厚労省は28日朝から安倍首相に翻弄された。首相が予算委で表明した「実態把握」の方針は、直前まで知らされていなかった。加藤勝信厚労相が前日の閣議後会見で、労働時間の再調査について「（やり直しの考えは）今は持っていない」と述べたばかり。首相の答弁を聞いた厚労省幹部は「具体的な指示もない。どういう実態把握を、どこまですればいいのか」とのけぞった。

首相は28日深夜には裁量労働制拡大の切り離しまで決断した。「（加藤）大臣が考えるとは思えない」（幹部）めまぐるしい動きに、別の厚労省関係者は「裁量労働制の拡大はもう二度と通せないのではないか」とつぶやいた。

翌日の三月一日、森山委員長がわざわざ立憲民主党の国対室を訪ねてきて、しみじみこう言いました。

「野党の国会審議で政府の目玉法案を変えさせた。こんなことは立法府始まって以来のことです。野党の皆さんに敬意を表します」

「お互い、いい仕事ができましたね」と私も労いの言葉をかけました。

深夜の激論が連日続き、二人ともフラフラでした。

ところがその翌日、三月二日に、またしても大事件が起こりました。

「朝日新聞」が一面トップに「森友文書書き換えの疑い」とのスクープを載せたのです。財務省が公文書を改ざんしていたと報じたのです。

大阪市の森友学園に国有地が約八億円値引きされて売却されていた問題は、皆さんの記憶にも新しいと思います。その契約当時の文書の内容と、問題発覚後に国会議員に開示した文書の内容に違いがあると判明したのです。

決して看過できない、大問題です。

「これはいったい、どういうことですか！」

私はすぐさま森山委員長に電話をしました。

こうして、新たなたたかいの火蓋が切られたのでした。

第三章　野党が審議拒否をする本当の理由

日本中が激震した「森友学園問題」

森友学園との国有地取引に関する決裁文書を財務省がみずから書き換えた疑い――そんな記事が「朝日新聞」一面トップにドカーンと出ました。

日本中が大激震した二〇一八年三月二日、朝一〇時、私は自民党に乗り込みました。

「これは国政の根幹を揺るがす深刻な事態です。このままでは政治が腐っていきます」

さらに、その後のぶら下がり取材でコメントした「安倍政権の底が抜けた」という言葉は、テレビの報道番組で繰り返し放映されました。

その日の午後、すかさず「野党合同ヒアリング」を開き、財務省の富山一成理財局次長、中村稔総務課長に聞き取りを行いました。印象的だったのは、中村総務課長が異様なくらいぶるぶる震えていたことです。人間は追い詰められるとこうなるんだ、と思いました。答弁もしどろもどろで、何を言っているのかさっぱりわかりません。

私は「もしかして、この人が『実行犯』なのかもしれない」と直感しました。合同ヒアリングはマスコミフルオープンでしたから、記者たちもそのことに気づいていたようです。中村総務課長は、翌日からヒアリングに出席要請をしても拒否、パッタリ姿を現さなくなりました。

中村課長はのちにまとめられた財務省の調査報告書で「中核的な役割を担っていた」とされた人物です。実はこの日、彼の様子のあまりの異常さに「これ、何かあったらまずいな」と不安を覚えたくらいです。まさか別の形で犠牲者が出るとは、この段階では思いもよりませんでした。

この日、参議院では予算委員会が開かれていました。そこで野党は改ざん前の文書を出すよう強く迫りました。ところが答弁に立った麻生財務大臣や後に財務事務次官になる太田充理財局長は、「捜査中なので答弁できない」と繰り返します。私はその様子をテレビで見ながら「これは国会を止めるしかないな」と腹を固めました。

週末を挟んで六日、火曜日に野党国対委員長会談を開催し、このままでは国会審議に応じることはできないとの認識で一致し、国会を止める決断をしました。「誤りだらけのデータを出したり、文書を改ざんしたり、もういい加減にしてくれ」――国会を止めるかどうかという重要判断については、各党食い違うのが常ですが、このときは皆、思いが一致しました。

政府の都合でウソの答弁をするということは、他の政策議論をいくらやってもウソを言われているかもしれないのですから国会審議が成り立ちません。さらに、証拠として出してきた公文書が都合の悪いところが書き換えられていたとなると、もはや国家が成り立ちません。

のちに元文部官僚の寺脇研さんと対談したときに、寺脇さんはこの件について「もし役所に問い合わせたとき『あなたの年金はありません。だってほら、記録がないんですよ』と改ざんされた文書を見せられたら、反論できないんですよ。公文書ってそういう存在で公務員として改ざんだけは何があっても許せない」と激高していました。

原本をめぐる自民党との攻防

この日には国対委員長の連名で、与党に対し次のような「野党合意文書」を提出しています。全文をご紹介しましょう。

森友学園との国有地の取引に関する財務省の決裁文書が、「改ざん」された上で国会に提出されたという疑惑が事実であれば、国政の根幹を揺るがす極めて深刻な事態である。

しかし、本日、財務省が提出した、「調査の状況の報告」と称する文書は、検察の捜査を理由に疑惑に全く答えておらず、論外である。

この問題は、与党・野党を問わず、国権の最高機関である国会の国政調査権を蹂躙《じゅうりん》するものである。行政府と立法府の信頼を回復し国会が国民の負託に応えるためには、国政調査権を十分行使し、議院証言法及び国会法１０４条に基づく政府への資料提出要求など、速やかな真相究明を行わなければならない。

われわれ野党6党は、以上の認識で一致し、与党に対し賛同を強く呼びかけ、国対委員長会談の開催を求める。


要するに、「与党であるあなたたちもウソの文書をつかまされていたわけだから、ちゃんと怒らなきゃダメでしょ」ということです。真実の文書を出させることを立法府として一緒にやるべきだ、ということを申し入れたのです。

この申し入れに対する自民党サイドの回答はこうでした。

今問題となっている森友学園への国有地処分に関する決裁文書の原本については、現在、大阪地検が押収し保管していると聞いている。これは、現在捜査中の個別事件の証拠物であり、捜査を進める上で必要であろうと思われるし、これを大阪地検に提出させることになると、捜査中の事件の証拠物そのものを公にさせることになるので、捜査に支障を生じさせるのではないか。（中略）

このような見地から、大阪地検が押収している森友学園への国有地処分に関する決裁文書の原本を提出させるべきではないと考える。

捜査を盾にとって逃げ切ろうというのは、安倍政権のもとでよく使われる逃げ口上なのですが、与党は立法府の一員として行政のあやまちのチェックをしなければなりません。行政＝政府と同じ言い訳は通用しません。

「違法かどうか」を問うのはもちろん司法に任せます。ただ、司法の判断が「違法」でなくとも、現職の総理が政治の私物化をして許されるというものではないでしょう。むしろ「権力者は何をやっても許されるのか」と国民の政治不信がつのれば統治の正当性が損なわれてしまいます。司法には問うことができない政治責任を問うのが、私たち立法府の仕事なのです。

国会がウソの答弁や文書の改ざんを見過ごすということは、国民を欺いたことを容認することになるのがわかっているのでしょうか。

原本を出せ、出さないというやりとりを何度も繰り返しました。

そんなとき、財務省近畿財務局管財部の上席国有財産管理官だった赤木俊夫さんが、みずから命を絶ちました。三月七日のことでした。

この日は、朝から「財務省の職員が自殺したらしい」という噂《うわさ》が国対周辺を駆け巡りました。しかも、地元の近畿財務局だという。

私のところにも、各社から「名前や住所を知っていますか」「遺書があるという話は聞いていますか」「亡くなった方はノンキャリ（国家公務員採用総合職試験合格者でない公務員の俗称）で間違いないですか」などと次々に連絡が入り、地元記者の話と照らし合わせながら、少しずつ確かな情報がわかってきました。こういうとき、国対は情報のキー局になるのです。

亡くなった赤木さんがいわゆる「ノンキャリ」だったことも、私は胸が刺されるような痛みがありました。たとえ公務員としての矜持《きょうじ》にもとることであっても、中央の「キャリア」と呼ばれる官僚から指示されれば、組織のしくみとして抵抗はできなかったことは想像がつきます。

究極のパワハラにあい、赤木さんは追い詰められていったのだと思います。

のちに公開された赤木さんの手記には、決裁文書の改ざんは佐川宣寿元国税庁長官の指示だった、とはっきり書かれています。

総理大臣の行為が原因で、みずからの「部下」の中からついに死者まで出てしまった。国会がこれを見過ごせば、第二、第三の赤木さんが現れるかもしれない。私は野党の国会運営を預かる立場として、最後までたたかうことを覚悟しました。

ただ、この「覚悟」には相当のリスクを伴うことも重々わかっていました。私が森友問題に関われば、政権をあげて反撃してくることがわかっていたからです。それも、国会論戦のような「表の舞台」でやるのではありません。

森友問題をめぐる官邸の「陰謀」

実は、森友事件をめぐってはこの一年前の二〇一七年から、安倍官邸と私の間には因縁がありました。

これからお示しする一連のできごとは、安倍総理とその周辺が「デマ」を増幅させ、「お抱えジャーナリスト」、インターネット、特定のテレビと新聞、そして国会の委員会までも利用して、なりふり構わず野党を攻撃してきたことを浮き彫りにすることになると思います。

二〇一七年二月九日、朝日新聞大阪社会部の報道で森友事件が発覚しました。大阪の森友学園は小学校「瑞穂《みずほ》の国記念小学院」建設にあたり、大阪府豊中市の国有地を八億円も値引きされて手に入れた。そして、この小学校の名誉校長に安倍昭恵総理大臣夫人が就任している。安倍総理も、森友学園が運営する幼稚園に講演に行こうとしていた……。

次から次に明らかにされる事実に「安倍総理夫妻が優遇したのでは」という疑念が噴出したのです。

当時、国会の司令塔は民進党の山井和則国対委員長で、私は予算委員会のメンバーでした。九日の報道を見て、これは大変な問題になると思った私は、予算委員を中心にヒアリングしようと山井委員長に提案しました。

説明にやってきた財務省は当初、売却価格などが黒塗りとなった文書を私たちに持ってきて「先方（森友側）の了解がないと資料が出せない」と言っていました。私はこのとき、地元記者などから「どうも財務省は、個別の議員に黒塗りを外したものを渡しているようだ」という情報を入手していて、秘書に感触を探るよう指示していました。

ヒアリングの最中に秘書から「財務省は出すようです」というメモが入りました。そこで、

「すぐに先方に確認を取って、資料を出すようにしてください」と財務省に突き返しました。そして、次回のヒアリングで、私たちは異常に安い金額で国有地が売却されたことを確認したのです。

このころ大阪では、NHKでも民放でも「森友問題」は頻繁に報じられていましたが、なぜか全国ネットではあまり取り上げられませんでした。大阪の記者たちは記事を送っていたはずですが、全国放送の政治ネタとして扱われることはほとんどなかったのです。

「これは誰かが国会で質問しないとだめだ」

民進党の国対では、いつこの問題に切り込むか、山井委員長が頭を悩ましていました。現職の総理がからむスキャンダルです。慎重に事を運ばないと、野党も返り血を浴びることになります。地元大阪の問題ということもあり、私が質問に立つ可能性もありました。

しかし通常国会序盤、最大のテーマは南スーダンPKO（国連平和維持活動）の「日報」問題で、私は「日報」問題をメインで担当していました。当時の稲田朋美防衛大臣が私の質問にまともに答えられず、業を煮やした安倍総理が「助太刀」する姿を引き出して「安倍総理が防衛大臣を『駆けつけ警護』した」とメディアに揶揄されていました。

結果、国対の白羽の矢は、経産省出身で霞《かすみ》が関《せき》の事情にも詳しい福島伸享《のぶゆき》議員に立ちました。

福島さんは独自の調査ルートを持っており、入念に準備して予算委員会に臨みました。

二月一七日、福島さんが衆議院予算委員会で初めてこの問題を取り上げました。当日、福島さんは私の隣に座っていたのですが、官僚出身らしくいつも冷静で豪胆な彼が、質問前にものすごく緊張していたのを覚えています。

そして質問へ。福島議員は論理的に詰めていき、安倍総理がいつにもましてイライラしているのがわかりました。そして、安倍総理から、あの答弁が飛び出したのです。

「私や妻が関係していたということになれば、それはもう間違いなく総理大臣も国会議員も辞める」

私は一国の総理が明白に退陣を口にしたことに驚きました。同時にこの答弁は準備していたものではない、とっさに出してしまったものだな、と感じ、「この先、大変な事態になるのでは」という予感がしました（事実、この答弁後、いくつかの大使館筋から非公式に「今後政権はどうなるのか」という問い合わせがありました）。

今思えば、霞が関全体がひっくり返ったことでしょう。とくに「政権を守る」ことを責務とする総理官邸のスタッフたちは、頭を抱えたに違いありません。この直後から、財務省が公文書から安倍昭恵総理夫人の関与を匂わせるような部分などを消し去るという、改ざんが行われることになったのです。

それが一年後、私が国対委員長のときに公文書改ざんがスクープされて、自殺者まで出すことにつながっていくとは想像もしていませんでした。

ターゲットにされた私

安倍総理の「総理も国会議員も辞める」答弁直後の二月二一日、私は玉木雄一郎議員、福島議員ら中堅・若手議員とともに、豊中市の小学校建設現場に調査に入りました。二八日には二度目の調査に行きました。

ここから報道に火がつきました。大阪のメディアは、今度こそ全国ニュースにしたいと機をうかがっていたのでしょう。各局・各紙が私たちの調査団に同行取材し、大きく報じました。そして連日、国会では安倍総理が追及され、朝から晩までワイドショーなどでも放映されることになったのです。

また、私は二月二七日に「安倍昭恵内閣総理大臣夫人の活動に関する質問主意書」を提出し、これがネットで注目を集めていました。

「文藝春秋」に掲載された昭恵夫人の取材記事に、いわゆる「総理夫人付き」職員の存在が書かれていたことにヒントを得て、「現在、安倍総理夫人の活動を補佐する公務員は存在するか。何人で、どの省庁から、どのような規定に基づき、派遣されているか」「『総理夫人』というのは、公的な存在か」などの質問を政府に文書でぶつけたのです。その答弁書で、「総理夫人付き」職員が五名（しかも二名が常勤）もいて、森友学園での昭恵夫人の講演に職員が同行していたことを政府は認めました。

その後、国会質疑で「総理夫人付き」の存在が問題視されるようになり、のちの「昭恵夫人は私人」という政府見解につながっていく一石でした。

安倍政権は追い詰められていきました。ここで安倍政権とその周辺はどんな行動を取ったのか。現地視察で注目を集め、もともと安倍総理の「天敵」といわれていた私をターゲットに攻撃を仕掛け「どっちもどっち」感を出すことで、野党の追及をかわそうとしたのです。

以下長くなりますが、安倍政権の本質とやり口が垣間《かいまみ》見える私の体験を、記録のためにも残しておきたいと思います。

私がターゲットにされた理由は他にもありました。三月一日に「辻元清美が塚本幼稚園（森友学園が運営し児童に教育勅語を暗唱させていた幼稚園）の園児の乗ったバスに不法侵入した」というツイートが拡散されていたのです。

ネタ元は、安倍総理の応援団的発言を繰り返していた個人が自分のホームページに、見てきたかのようなデマを載せたことでした。私はその日のうちに、自分のブログでデマを否定しました。しかし、私の否定するブログはデマの拡散を止められませんでした。

さらに九日には、森友学園理事長の籠池泰典氏がユーチューブで動画配信をしたときに、「しかも、前に来ましたところの辻元清美さんあたりは、もう少しで、この、園の中まで入ってこようとしました。手で押したら入れます。侵入罪みたいなもんですよね。われわれの、瑞穂の国記念小学院の土地の中にも入ってきました」と発言しました。

これも完全なデマです。

森友学園・籠池理事長の youtube 発言「辻元清美が侵入罪」はデマです

（二〇一七年三月九日、辻元清美ホームページ）

同行した議員の中には塚本幼稚園の近くまで行った議員もいますが、その際に辻元は調査チームの車の周囲から出ておらず、塚本幼稚園には近づいておりません。大半の時間は車中で待機しておりました。この車は塚本幼稚園からかなり離れたところに停車しており、「手で押したら入れ」る距離ではまったくありません。

また、瑞穂の国記念小学院の土地の中に入ったという事実もまったくありません。

いずれの現場においても、多数の報道機関が同行取材しておりましたので、このような事実が一切ないことは明白なところです。

三月二三日、籠池理事長が証人喚問されました。このとき自民党の西田昌司《しょうじ》議員が籠池夫人と昭恵夫人がやりとりしたメールの「全文公開」を迫ったのです。そして翌日、西田議員がメディアにメール全文をコピーして配布しました。そのメールのやりとりの中に私の名前が入っていたのです。

「辻元清美が幼稚園に侵入しようとした」「作業員を送り込み、ウソの証言をさせた」と全く身に覚えのないことが、脈絡なく書かれていたのです。

さすがに、どのメディアも私の名前はふせて報じましたが、「産経新聞」だけは籠池夫人と昭恵夫人のメールのやり取りの全文を掲載しました。そのころから、私の事務所は対応に追われるようになりました。

さらにこの日、菅官房長官も記者会見でわざわざこのメールについて触れました。夕方の定例記者会見でメール公開の官邸の関与を問われ「客観的な一つの証拠になる」として公開を決断した、と発言。メールが証拠になりえるか、という指摘には「ご覧になった方が判断するんじゃないでしょうか」と発言しています。

ここから、私への集中砲火が始まりました。起こったことを時系列で示します。

でっち上げられた「辻元議員の問題」

まず、動いたのは山口敬之《のりゆき》氏です。山口氏は安倍総理を持ち上げる本を出版した「お抱えジャーナリスト」で、伊藤詩織さんレイプ事件の当事者とされる人です。

- 三月二六日、山口氏が唐突にフジテレビの「Mr.サンデー」で「辻元議員の問題」「辻元さんも（中略）悪魔の証明なんですね」とこの件を取り上げる。
- 三月二七日、山口氏がフジテレビの「とくダネ！」で「辻元さんが（中略）知り合いの作業員をスパイとして入れて、マスコミ対応させたという疑惑がある」「辻元さんは（中略）してないという証明をしなきゃいけない」と発言。

いったい何が「辻元議員の問題」なのか全くわかりませんが、保守系サイトを中心にネット上は、まるで森友問題が私の「やらせだったのではないか」というツイートであふれました。ブログなどでどんなに否定しても、とても止まるものではありませんでした。

まだ、日本ではいわゆる「フェイクニュース」という言葉が一般的ではなかった時期です。この一年後には、フェイクニュースをネット上で検証していく動きが生まれていくのですが、このころはまだ未成熟でした。

それでも、ほとんどのマスメディアの対応は慎重でした。菅長官があぁした誘導的な発言をしても、記者たちはこれが籠池夫人と昭恵夫人という「二人の私人」の間の「私的なやりとり」であることに加え、その脈絡のなさから「記事として扱うのは気をつけよう」と判断したそうです。

しかし二七日一三時二〇分ごろ「産経新聞」から辻元事務所に質問状が届きました。内容は、この籠池夫人メールの内容や当時ネットの保守系サイトに出たデマ（私が豊中市の用地取得に関与していたとするもの）について答えるように求められていました。豊中市の件は初耳でした。

問題は「産経新聞」の回答期限が本日の一七時まで、となっていたことでした。通常、よほど差し迫った取材や単なるコメントでない限り、回答期限には丸一日の猶予をつくるのが取材する側・される側の了解ラインです。当たり前ですが、事実関係を調べる必要や、場合によっては弁護士や党のチェックも必要になります。「なぜ、今日中に回答なの？」と首をひねりました。

「産経新聞」の記者は面識もある野党クラブの若い人物でした。秘書は「事実関係の確認をしないといけないから今日中は無理。明日には必ず回答するから」と言いましたが、記者は苦しそうに「答えられない旨を文書でほしい」と言い続けたそうです。

そして翌二八日の朝、「産経新聞」が「辻元氏3つの『疑惑』」と報道したのです。

その疑惑とは、①幼稚園侵入、②作業員派遣、③一四億値引き。

③にいたっては、籠池夫人のメールに関係なく「国が豊中市の防災公園のために国有地を安く払い下げた」という内容で、ネット上のデマを読んでいた人でなければ何のことかさっぱりわからない内容です。

そもそも翌日に回答をすると伝えてあるのに、なぜ強引に中途半端な形でこの日に記事を出したのか不思議でなりませんでした。

その謎が解けたのが、この日行われた参議院決算委員会でした。民進党の斎藤嘉隆《よしたか》議員が、証人喚問の際に籠池氏が「一〇〇万円を受け取った」と言っているのに、総理夫人は「記憶にない」と言っている、その点を追及していたときです。

安倍総理が、質問の内容には答えずに、私を名指ししてこの「産経新聞」の記事のことを唐突にしゃべり出したのです。

内閣総理大臣（安倍晋三君）

これは御党の辻元さんとも同じことが起こって、辻元議員との間にも起こっているじゃないですか。辻元議員は、辻元議員はですね、メールの中で書かれていたことが、書かれていたことが今日産経新聞に「三つの「疑惑」」と出ていましたね。（発言する者あり）

これ、一緒にするなとおっしゃっていますが、これを、そんなことはなかったと辻元議員はこれは言わば真っ向から否定しているわけでありまして、これも証明しなければいけないということになるわけでありますが、ここは、そうしたことがないと言っている人に対して、あると言っている人が証明しなければならないわけでありまして、たった二人っきりで渡した渡さないとなれば、こちらは渡していないということについては証明のしようがないというのは、これは常識、言わば悪魔の証明と言われているわけでありまして、彼らが出してきた、言わば彼らが出してきたものが果たして本当だったかということについては、これはしっかりと検証されるべきだろうと、このように思っております。

（二〇一七年三月二八日、参議院決算委員会会議録）

山口氏と示し合わせたような内容の答弁だったのです。もしもこれが仕掛けられたものであったら。安倍総理がこの答弁をするために、こちらの回答を待たずに「産経新聞」は何が何でもこの日の朝に記事を出さなければならなかったのだとしたら。

安倍総理が答弁したその日や翌日、いくつかの番組に取り上げられたのでした。二八日、フジテレビ「みんなのニュース」。二九日、フジテレビ「めざましテレビ」。同日、フジテレビ「とくダネ！」。同日、テレビ朝日「モーニングショー」……。

私は完全なでっちあげのデマの事態の対処に追われながら、このことが森友問題の闇の深さを証明しているように感じていました。

私はこのとき、記者会見をしたほうがよいかどうか考えましたが、複数の大手メディアからは「必要ないですよ」とあっさり言われました。むしろ、他の大手メディアからは「官邸が仕組んだ悪あがき」という声が聞こえてきていました。

結局、三月二九日、籠池夫人が著述家の菅野完《すがのたもつ》氏のツイキャスのインタビューで「事実を確認したわけではないです」と否定し、同日、辻元に依頼されたとメールに書かれていた作業員が評論家の荻上チキ氏のラジオ番組でインタビューに答えて私との関係を否定しました。さらにもう一つの辻元の土地取引疑惑とネット上で拡散していたデマも国土交通省が否定しました。すべて事実無根が証明されたのです。

「日刊ゲンダイ」は「ネトウヨ首相　民進党辻元攻撃でまた墓穴」「そもそも安倍自民党は、籠池理事長の証言を『偽証』と言っているのに、その夫人のメールは信憑《しんぴょう》性があるだなんて、論理破綻もいいところだ」（二〇一七年三月三〇日）と大きく記事にしました。

安倍政権はどんな手だって使ってくる

このころ、私は「文春オンライン」から取材を受けて、こう答えています。

渦中の辻元清美に訊《き》く「デマと保守」　（二〇一七年四月一日）

森友学園問題は籠池諄子《じゅんこ》さんが安倍昭恵さんに宛てたメールをきっかけに新たな局面を迎えた。

〈辻元清美が幼稚園に侵入しかけ私達を怒らせようとしました〉

〈三日だけきた作業員が辻元清美が潜らせた関西なんとか連合に入っている人間らしい〉

これについて菅義偉は記者会見で「民進党において証拠提出なり、説明をされるのではないか」と発言。安倍晋三は「辻元議員は真っ向から否定している。これも証明しなくてはいけないことになる」と参院の委員会で答弁した。同じ日、当事者である民進党衆院議員の辻元は報道機関にコメントを出した。

〈入っておりませんし、入ろうとした事実もございません〉

〈(作業員を)送り込んだということも一切ございません〉

私は、辻元に確かめた。

「実際入っていないし、送り込んでいないんです。籠池夫人が思い込みで私の名前を書いたのかもしれない。でも、それは私信の中の話。そもそも不特定多数に公開するつもりはないメールだったでしょう。私だって思い違いをすることはありますよ」

メールを書いた籠池諄子さんは29日、ノンフィクションライターの菅野完さんがツイキャスで流した単独インタビューでこう答えている。

「事実を確認したわけではないです」

諄子さんはあっさり誤りを認めた。評論家の荻上チキさんも同日、TBSラジオの番組で疑惑の「作業員」に直撃したが、その人物は辻元から送り込まれたという疑いを否定。

「面識もございません」と語った。

だが、一度流出したメールはかつてない規模と速度で拡散し、辻元の言動に疑いの目が向けられた。辻元は諄子さんに対し抗議するつもりはないという。

「(籠池夫人というよりもメールを拡散した側に)私が狙い撃ちされたのかもしれませんね。それで私が潰れたら、邪魔な人間を黙らせる、社会的に抹殺するためなら何でもしていいことになる。そういう作戦が有効だってことになっちゃう」

――記者会見を開くとか、法的措置とか徹底抗戦しようという考えはないのでしょうか。

「籠池夫人が、公開を前提としないメールで私の名前を出したこと自体は名誉棄損だとは思っていません。こんなことで民間人が国会議員に記者会見を開かれて噛みつかれたら、そんな社会は気持ち悪いと思う。それより、中身を知りながらメールの公開を決めた人のほうが気になる。私は籠池夫人の内心の自由も守りたいから、あまり騒ぎたくないんだけどな」

今もインターネット上で読むことができるこの記事は、当時、一二〇万ページビューを記録したそうです。それでも、私へのインターネットでの激しい攻撃や炎上は止まりませんでした。

総理大臣が答弁に立つ国会質疑の日の朝に間に合わせるかのように、メディアに報じさせる。そして、総理側近のコメンテーターがテレビで火をつけるために走り回る。さらに保守系サイトを中心に拡散させていく。

「森友問題の真相解明の先頭に立っていた辻元さんを貶《おとし》めるために『陰謀』が仕掛けられたんだよ」と言ってくる人も多くいました。政権維持のためには、安倍政権はどんな手だって使ってくるようだということを身をもって体験したのです。そして、このときすでに、森友の土地取引の決裁文書には改ざんがなされていたのです。

この件の対応に、私と私の事務所がどれだけの大変な思いをしたか、思い出したくもありません。しかし同時に、「この件はあまりに理不尽だ」と立場を超えて助けてくれる人たちもいました。

私はかつて『デマとデモクラシー』（イースト・プレス）という本を刊行していますが、デマでリアルの政治を動かし、政敵をおとしいれ、政権維持をはかろうとすることへの警鐘を鳴らしてきました。

「デモクラシーの危機」を食い止めるために、今度は国対委員長として森友問題の真相を徹底的に解明しなければならない、そう心の底から思っていました。

国会を止めるのは野党の「最終兵器」

話を二〇一八年の三月七日に戻します。国有地というのは、いうまでもなく「国民の財産」です。それを自分の妻が名誉校長を務めるからといって、八億円もの値引きをして売却させたとしたら、許されるものではありません。国民は、改ざん前に何が書かれていたのか、知る権利があります。

与党としては、参議院の予算委員会を早く動かさなければ、年度内の予算成立が遠のきます。そこで、ようやく財務省が「原本の写し」を提出してきました。ゴロゴロと台車に載せて「文書の塊」を運んできました。

しかし、それは改ざん後の文書だったのです。改ざん前の「本物」ではなく、改ざん後の「偽物」を出してきたのです。ぬけぬけと往生際が悪いやり方に、野党は「なめているのか」とヒートアップしていきました。

そのころ佐川国税庁長官は、就任の記者会見もせずに姿を隠していました。国民には税金を払えと言っておきながら、自分はこそこそと逃げ回っている。国民の税金を徴収する立場の人間の振る舞いに国民の怒りにも火がつき、連日「佐川、出てこい」と国税庁前でデモが行われていました。
私は森山委員長に、佐川国税庁長官の辞任と、改ざん前の文書の存在を認めたら国会を動かす、と伝えました。するとようやく九日に、佐川国税庁長官が辞任を表明しました。同時に、改ざん前の文書の存在も認めたのです。国会を止めた「効果」が出たのです。

この二日間で事態は大きく動きました。このように国会を止めるというのは、数の少ない野党にとって「最終兵器」なのです。

戦時中の日本は、国家に不利なデータを改ざんしウソの情報を流していました。いわゆる「大本営発表」です。三〇〇万人以上の人々が、改ざん、隠蔽された情報によって亡くなったのです。さらに戦争に負けたとき、彼らにとって不都合な書類のほとんどは燃やされてしまいました。

今ここで立法府が黙ってしまったら、この国の政治は崩壊してしまう。だから国会を止めてでも徹底抗戦せざるを得なかったのです。私は、たたかいの手をゆるめませんでした。佐川元国税庁長官の証人喚問を強く求めました。

しかし自民党サイドの返答は「佐川さんは一般人になった。招致は難しい」というものでした。まるで証人喚問をさせないために佐川国税庁長官を辞任させた、と言っているかのようです。

そんなやりとりを静観していた二階さんが、ついに口を開きました。

「佐川氏の国会招致は委員会の審議状況を見て判断しよう。われわれもあなたたちと思いは一緒だ。野党からの提案にはできるかぎり同調したい。野党は審議に復帰してほしい」

自民党も広がる国民の批判と野党の審議拒否に持ちこたえられなくなっていきました。

また、このとき財務省が開示した決裁文書とは別の決裁文書が存在することを、二階さんは認めました。そして、それを出させる努力をすることを約束しました。これ以上、改ざん前の文書を出さないと国民の非難の矢が自民党に向かう、と動物的な勘が働いたようでした。

この言葉を聞いて、私は国会を動かす決断をしました。


その日、改ざん前の文書が送られてきました。開けてみて驚きました。「昭恵、昭恵」とそこら中に書かれていたのです。野党はその改ざん前の文書を手に国会質問を繰り返しました。

そして二七日、ついに佐川元国税庁長官の証人喚問が実現しました。参議院で九時半から二時間、衆議院で一四時から二時間、計四時間の証人喚問が行われました。

しかし、改ざんの経緯については一貫して証言を拒否し、安倍総理、昭恵夫人らの関与については否定しました。たたかいは膠着状態になろうとしていました。

立て続けに起こる不祥事の数々

さらにこのころ、森山委員長から不思議な電話がかかってきました。

「辻元さんが求めていた、二〇〇〇ページの文書が出てきました」

私は最初、何のことかわからず「森友のこと?」と尋ねました。森山委員長は「いいえ、イラクの日報が出てきたんです」と答えました。

前年の二〇一七年七月に、当時の稲田朋美防衛大臣が引責辞任するできごとがありました。そのきっかけとなったのが、南スーダンのPKOに派遣された自衛隊の「日報」隠しでした。その「存在しない」はずのイラク派遣の「日報」が、陸上自衛隊の研究本部から発見されたのです。「教訓業務各種資料」というファイルに保管された電子データからわかったということです。しかも、二〇一七年三月には陸上自衛隊は「日報」があることを把握していたのに、大臣などには報告していなかったこともわかりました。

なぜこれが問題なのか。前年の通常国会で、私は、予算委員会の最前線で「南スーダン日報」問題を取り上げ稲田防衛大臣を追及していました。翌日に予算委員会での質問を控えていた二〇一七年二月一六日、私は防衛省の担当者を自室に呼んで「イラク日報」の有無について報告を受けました。

このとき私は、漠然と「『日報』はどこかにあるでしょう」と問うたのではありませんでした。危険と隣り合わせの自衛隊の任務では、日々の細かい活動記録である「日報」で得た教訓の一つひとつを積み重ねていくことが非常に大切であり、それが、隊員のリスクを減らすことにつながります。だから現場の一次資料である「日報」は大事であり、とくに教育部門で活用されているはずだと考えていたのです。

そこで、自衛隊の「国際活動教育隊」という隊員の教育訓練を専門とする部隊の資料を入手したところ、「派遣部隊の日報等」を「主要教訓資料」として分析・評価し、そこから得た教訓を蓄積していることがわかりました。

そこで、防衛省には「教訓として使っているはずだから、関係部署のPC端末などを調べて」とお願いしたのです。その結果が、

「破棄していました」

「えっ！　そんなはずないと思うよ。少しは保管しているものあるでしょう」

「一日で破棄しています」

こうした押し問答が続きました。仕方ないので私は、翌日の予算委員会で稲田防衛大臣に質問したのです。

辻元「教訓の教育に使っているじゃないか」

稲田大臣「文書としては保管していない」

おかしな話です。自衛隊は大丈夫か、と心配になりました。どこの国の軍隊が、海外での活動の記録を軽々しく捨てるでしょうか。戦前ですら残っている「日報」はあって、歴史家が検証をしています。イラクの日報も隠しているに違いない、と私はにらんでいました。

予想は当たっていたのです。しかも一年も前に、まさに私が指摘した「教訓業務」の電子データとして防衛省内で見つかっていたのに、それをずっと隠し続けていたことも判明したのです。森友問題と同じ構図です。

南スーダンPKOでは、危険度の高い「駆けつけ警護」の任務を何が何でも付与しようとしていました。ゴリ押しした安保法制で認めた新しい任務の実績をつくりたかったのです。ところが南スーダンの情勢が混乱し、南スーダンPKOの日報には「戦闘」という文言が入っていました。これを隠すために「南スーダンPKOの日報はない」と答えていたのです。南スーダンで「ない」としているのでイラクも「ない」としないとつじつまが合わなくなるのでこちらも隠すとなったようなのです。

そして、この件を質問した希望の党（当時）の今井雅人《まさと》議員に、防衛省は「イラク日報」を「不存在」としたのは、まさに私の資料要求に対する回答だったと、明らかにしたのです。

二〇一八年四月三日の衆議院財務金融委員会での山本防衛副大臣の発言です。

防衛省として承知している範囲で、例えば、昨年二月の辻元清美議員からのイラクでの陸自、空自の活動に関する「日報」を求める資料要求に対して、当省より、イラクの「日報」は不存在と回答いたしました。

森山委員長も防衛省も頭を抱えたことでしょう。よりによって、一年前に「公文書隠蔽」追及の急先鋒だった私が、「公文書改ざん」で揺れる国会追及を取り仕切る国対委員長になってしまったのですから。防衛省の担当者がまっ青になって「ご説明」に飛んできました。

それにしても、なぜ一年もたって唐突に「日報」が出てきたのか、不思議でならなかったのです。今から思えば、森友問題の再燃から世論の目をそらすためにこの時期に出してきたのかもしれません。

最近の公文書隠蔽・廃棄の例でいえば、二〇一九年五月に「桜を見る会」の名簿問題が発覚しています。野党が招待客名簿について質問すると通知した一時間後に、シュレッダーにかけたというのです。意図的に廃棄したと疑わざるを得ません。

私自身、報告会や親睦会を行うことがありますが、出席者のデータは個人情報の保護に十分注意して残しています。次回の案内やお礼状を出すときに必ず必要だからです。もしも毎年名簿をつくり直す作業をしているのだとすれば、「桜を見る会」のためだけに専属職員を抱えなくてはいけないでしょう。

常識的に考えて、消去したとは考えにくい。もうしばらくしたら、森友文書や加計文書や「イラク日報」のように、「桜を見る会」の名簿も出てくるのではないでしょうか。

嫌がらせ、セクハラも次々と

このように、政権にとって都合の悪い文書や議事録などを隠したり改ざんしたりするのは、安倍政権の常套《じょうとう》手段なのです。

それは二〇一五年に強行採決された、いわゆる安保法制のころから変わっていません。憲法九条の解釈を二〇一四年に変更して、集団的自衛権を行使できるようにする安保法制が、いったいどのような議論を経てつくられたのか。政府や法制局の間でどんな見解が交わされたのか。のちに検証する意味でも記録に残しておくことはきわめて重要です。

ところが私たちが議事録を求めると、Ａ４の紙を一枚出してきて「これしかありません」と言うのです。きちんとした記録も取らずに憲法解釈の変更を決めたのでしょうか。もし、これが本当なら、国家として恥ずべきことですし国際社会からも信用されないでしょう。

これ以上の隠蔽、改ざんを見過ごすことはできません。公文書管理の専門的な知識を持った人材の育成や改ざんが行われた場合の罰則なども規定する「公文書管理法改正案」を野党共同提案で衆議院に提出しました。また独立性の高い立場で各省庁を監督する「公文書管理庁」の設置を提案しました。

同じ二〇一八年四月、愛媛県の中村時広知事が加計学園問題に関する文書を公開しました。この文書には、安倍総理の側近である柳瀬唯夫元首相秘書官が加計学園や愛媛県や今治市の関係者と官邸で面談したことが、はっきり書かれていました。さらに二〇一五年の段階で安倍総理が親友である加計孝太郎理事長と面会し、その際に獣医学部新設についての説明を受けたという記載もありました。

大激震が走りました。今までは愛媛県などの関係者には会ったことがない、と言ってきたのです。安倍総理も加計理事長と獣医学部新設について話したことはないと言いはっていたのです。これがきっかけで、次は柳瀬元秘書官の国会招致を求めることになっていくのです。

不祥事はそれだけにとどまりません。前川喜平元文部科学事務次官が名古屋市の公立中学校で公開授業をしたことに対し、文部科学省が教育委員会に経緯の報告や録音データの提供を求めたことが発覚したのです。

前川さんは加計学園をめぐる問題で政府と真っ向から対立した人物です。その前川さんに要するに圧力をかけたわけです。それどころか「天下り問題により辞職」「出会い系バーの店を利用」など、前川さんへの個人攻撃も行われていました。

圧力をかけるよう指示したのは自民党の議員であるということも判明しました。前川さん自身、文部科学省は彼らに命令されてやっただけだから悪くないと述べています。

さらに、財務省の福田淳一事務次官によるセクハラ問題も噴出します。福田氏は、森友学園問題の文書改ざん時の財務省事務方のトップです。

彼は女性記者に対し「胸触っていい？」「抱きしめていい？」などの言葉を執拗《しつよう》に投げかけたといいます。当時、セクハラ被害を告発する「#MeToo」運動が盛り上がっていた時期でした。その最中に、森友問題で責任を取らなくてはならない人が、女性記者をお酒の席に誘ってセクハラを公然と行っていたのです。

さらに驚くのは、麻生太郎財務大臣が「セクハラ罪という罪はない」といって福田事務次官をかばったことです。さらに下村博文元文部科学大臣は「女にはめられた」「（女性記者の告発は）ある意味犯罪だと思う」との暴言を吐きました。まさにセカンドレイプそのものです。よくこんな発言ができるものだと呆れました。

また、当時民進党の小西洋之《ひろゆき》参院議員が、現役自衛官に「おまえは国民の敵だ」というような罵声を浴びせられたというのです。小西さんは「安保法制は違憲である、憲法九条は守るべきだ」という論陣を張っていた人です。そんな小西さんに対して、路上で現役自衛官が罵倒したとすれば、まるで戦前さながらではないですか。

国家のトップがウソでもなんでも強弁する、規範意識も公私の区別もない。そんな姿勢が官僚や自衛官にまで及んでいるのではないでしょうか。

「このままでは日本が潰れてしまう」

私は本気でそう思いました。

ゴールデンウィーク前の攻防

これだけ不祥事が噴出した国会は、憲政史上、初めてでしょう。記者から「次から次へと問題が出てきて、辻元さんも大変じゃないですか？」と問われ、「まるで疑惑のもぐら叩き」と思わず口から出てしまったのはこのころです。その日から、新聞やテレビで「疑惑のもぐら叩き」とリフレインされました。

私たち野党の国対委員長は、毎日のように顔を合わせて、この事態にどのように対処するか議論しました。本来はどれ一つをとっても、普通の内閣なら吹き飛ぶようなスキャンダルです。しかし、あまりに同時多発で起こりすぎて、何が何やらわからなくなっているのではないか――局面を変える必要がある、という結論になりました。

そこで、四月一八日、与党国対委員長に対し、次のような申し入れを行うことにしました。少し長いですが全文を引用しましょう。

　国会は今、まさに異常事態を迎えている。

改ざん、ねつ造、隠ぺい、圧力、セクハラ、シビリアン・コントロールの崩壊など、安倍政権の存立が根底から問われている。

公文書の改ざん問題、森友学園への土地売却・値引き問題、これに伴う財務省による口裏合わせ、加計学園の獣医学部設置に関する官邸の関与、自衛隊の「日報」問題、働き方改革に関するデータねつ造、文科省・経産省による教育現場への不当介入など、どれ一つをとっても我が国を揺るがしかねない重大問題が、更に発生し続けている。

さらに、財務事務次官のセクハラ言動とその後の対応は全く許し難いものであり、国内外から厳しい批判があがっている。麻生大臣の責任は、もはや見過ごせない状況になっている。

また、「日報」隠ぺい問題でシビリアン・コントロールが問われる中、現職の自衛官幹部が路上で国会議員を「おまえは国民の敵だ」と公然と罵るという危険な事態までおきている。小野寺大臣の責任は重大である。

不祥事の続く行政府は当然、それを統括する安倍政権は、もはや崩壊していると言わざるを得ない。

4月17日、安倍総理は「ひとつひとつ必ず全容解明し膿《うみ》を出し切る」と発言した。しかし、全容解明をするどころか、自分の責任回避に終始している。われわれ立法府に身を置く者は、行政府に対し、与野党を超えて、より一層厳しい立場で臨まなければならない。

この非常事態を解決するために、次の事項について真摯に対応するよう、政府・与党に改めて強く求める。

①上記の諸問題の全容解明をめざすために、諸問題に関する予算委員会の十分な集中審議を実施すること。
②これまでも要求してきた森友・加計学園問題の全容解明のための関係者の証人喚問を一刻も早く実現すること。
③財務省による改ざん問題の調査結果を4月中に公表すること。
④財務事務次官を罷免すること。
⑤自衛隊「日報」をすべて提出し、隠ぺいに関与した防衛省・自衛隊関係者の証人喚問を実現すること。
⑥自衛官暴言事件に対する政府統一見解と、大臣を含めた関係者を厳しく処分すること。

山積している疑惑の全容解明こそが、大多数の国民の声である。

われわれは、これまで法案審議に協力してきたにもかかわらず、全面解明に取り組まない政府・与党の姿勢は容認できない。

国会が国民の負託にこたえ、政治の信頼を回復するために、与野党を超えて立法府の責務を果たすよう強く要請する。

翌日、与党の二階幹事長、井上幹事長から返ってきた答えは、要するに「何もしない」という驚くべきものでした。

今般の一連にわたる行政府の問題は、国民の行政への信頼を損なう大変遺憾な事態であり、早急に全容解明と再発防止に向けた対策をとらねばならない。また、国際情勢がかつてないほどのスピードで激動するなか、国民生活に直結する重要法案も国会に提出されており、国民の負託に応え、歴史の評価に耐えうる真摯な議論を戦わせなければならない。

以下、野党の要求に対して回答する。

1. 麻生財務大臣については、引き続き全容解明の責任者としての職務を忠実に果たすべ

き と考えているが、要求があったことは政府に伝える。
2．23日に予算委員会の集中審議を行うことや参考人を招致することを筆頭理事間で提案しているので、その審議を通じて判断したい。
3．財務省の調査については、現在、鋭意進んでいると認識しているが、さらに努力するよう伝えたい。
4．自衛隊の日報問題については、第三者を新たに加えた調査が進んでいるところであり、さらに努力するよう伝えたい。自衛官の問題については、速やかに調査して厳正に対処するよう政府に伝えたところである。

「要求があったことは政府に伝える」「さらに努力するよう伝えたい」「政府に伝えたところである」。まるで他人事《ひとごと》のようです。

私は、「安倍一強」という言葉を「野党が弱い」というイメージづくりに使われていることはおかしいと思っています。この言葉は「自民党内は安倍一強」という文脈で使われるべきものです。

かつての自民党は派閥政治の中で、それぞれの派閥のトップが権力の座を狙って激しい政治闘争をしていました。いろいろ批判もされますが、それが緊張感にもつながっていたのです。

しかし、今の自民党には安倍さんに逆らう人はほとんどいません。「安倍さんは自分のお友達には優しい」ということは、加計学園問題を見ても「桜を見る会」問題を見ても間違いないと思います。

ところが「敵認定」した瞬間、どんな手を使ってもつぶそうとする。私もずいぶんやられてきたのでよくわかります。「金とポスト」で首根っこをつかまれ、ほぼ安倍さんに逆らう人はいなくなったのだと思います。

このときの与党幹事長の対応は、まさに「安倍一強」が細部にまで及びきっていることを示していました。立法府としてともに真相解明に力を尽くそう、ということにならないのです。

「野党一八連休」報道の裏で起こっていたこと

いよいよ私は、大きな決断を迫られることになりました。もう一度、国会審議を止めるべきかどうかです。そして今止めれば、それなりの成果を獲得しなければ起き上がることはできない——すなわち審議再開に応じることはできない、ともわかっていました。

与党はまた親しいメディアやインターネットを使って、「国会を開くには莫大《ばくだい》なコストがかかる。なのに野党は仕事をしない。税金泥棒だ」と世論をあおるでしょう。

今、国会を止めれば何が取れるのか。国対で綿密にシミュレーションをしました。トカゲの尻尾きりで手打ちにすることはできません。悩み抜き考え抜いて、私は結論にたどりつきました。

「これ以上、審議には応じられません。今日から国会を止めます」

そう野党各党の国対委員長に伝えました。みんな私の判断を支持してくれました。こうしてゴールデンウィーク前の四月二〇日に、再び国会を止める決断をしたのです。

国会で質問をしてもウソの答弁を繰り返す。資料を出せといえば「捨てました」と出さない。かろうじて出てきた文書は中身を書き換えて出してくる。当事者に国会で証言させようとしても拒否する。こんなことが繰り返されて「はいはい、審議しましょう」とはならないでしょう。仮に他の案件で審議をしても、それがまたウソの答弁かもしれない、ウソの文書かもしれないのですから。

真相解明するまで、何を信頼して審議すればいいのか——「審議しろ」という意見こそ立法府の人間として無責任に見えました。

真相解明なくして審議なし。このときの私は、誰に批判されようが審議には応じられない、もし与党が譲歩しなければ一生止めてやるくらいの気持ちでいました。

自殺者まで出したのです。私たちは誰のための政治をしているのか、ごまかしや欺瞞《ぎまん》を見逃したら、私たちも後世の歴史に裁かれる。それくらいの日本の政治の危機だととらえていました。

不正の実態を解明しなければ、まともな国会審議はできません。私は、今のこの国会の状況が情けなかったのです。政治家はブレるのが一番まずいのです。途中で心に迷いが出て、腰砕けになると負けてしまいます。

私は、最大の焦点は柳瀬元首相秘書官の国会招致だと思って狙いを定めていました。彼は麻生内閣と安倍内閣で二度、首相補佐官を務めており、加計学園の獣医学部新設をめぐって、愛媛県の担当者に「本件は首相案件」と発言したと愛媛県作成の文書に記録されていました。渦中の人となったあとも「記憶にない」という答弁を繰り返し、首相官邸で学校法人加計学園関係者らと面会したことを否定してきました。

「柳瀬が思い出してきた」

状況は比較的すぐに動きました。国会を止めた二日後、森山委員長から電話がかかってきました。そしてこんな意外なことを言ったのです。

「柳瀬が思い出してきました」

やっぱり、国会を止めたら思い出すのか。

私は何度も与党と協議し、元首相秘書官の国会招致を求めてきました。しかし、いっこうに事態が進展する気配はありませんでした。にもかかわらず、国会を止めたとたん、実現へと動き出したのです。国会を止めることは野党の「最終兵器」であると、改めて実感しました。

しかしここが踏ん張りどきだと思いました。向こうもしんどいのです。いつどのような形で国会招致するのか。それが決まらない限り、審議には復帰できません。

もちろん、私はさんざん批判されました。「こんなに休んで民間企業ならクビだ」と一部メディアにこき下ろされました。もちろん休んでいるわけではありません。私はこの間、水面下で激しい調整を続けていました。

まともに眠れない日々が続き、野党の中でも、そろそろ与党側と協議を始めたほうがいいのではないか、という声も聞かれ始めました。

私はこの間、野党の各委員会の筆頭理事たちに、公式・非公式を問わず与党サイドとの一切の接触はしないように徹底しました。ここは全員一致でやらなくては意味がない。そう、皆さんに伝えました。全責任は私が持つ覚悟です。

「辻元委員長のご機嫌はどうかな?」と森山委員長が私の番記者にたずねたという話が伝わってきました。向こうもこちらの動きを必死で探っていたようでした。

与野党の緊張状況がピークに達しようとしたころ、大島議長から電話がかかってきました。「どうすれば国会に出てきてくれるのか?」とおっしゃるのです。二五日の夕方、大島議長の公邸を訪ねることにしました。

大島議長は真っ先に「野党の言い分はどうなんだい?」と口火を切りました。まず言い分を聞く。そして、落としどころを探ってきたのです。その姿勢は、おそらく国対委員長を長く務めていたことが関係していると思います。

私は「証人喚問を確約してもらうことが条件です」と答えました。すると大島議長は、こんな提案をしてきました。

「辻元さん、中を取れないだろうか?」

証人喚問は与党の反対が大きく、実現は難しい。ただ、参考人招致という形を取って、一人で質疑に立たせることはできそうだ、というのです。

これは、私がかつて大島さんにやらされた方式だということを思い出しました。二〇〇二年、私を秘書給与問題で辞任に追い込んだときの国対委員長が目の前の大島議長だったのです。当時の大島国対委員長が、私を参考人として国会の「お白州」に引きずり出したのでした。このとき私は一人で答弁させられました。

「大島国対が私にしたやり方ですね」

とチラリと言うと、

「そんなことをしたかなあ」

と大島議長。タヌキやなあ。証人喚問ではなかったけれど、相当のプレッシャーだということを実体験で私は知っています。私はうなりました。

参考人招致の場合、証人喚問とは異なり証言でウソを述べても罪に問われません。当然、証人喚問を要求したいところですが、国対委員長の立場としては、少しでも実を取ることも大切です。

大島議長の提案は妙案でした。私は持ち帰り野党各党の国対委員長に個別に意見を聞くことにしました。「真相究明に一歩でも前進しよう」と賛成の声が多く、これで手を打とうと思いました。

ゴールデンウィーク中も、自民党サイドとは何度も話し合いを重ねました。その結果、次のような条件を引き出すことができました。

・一〇日に柳瀬元首相秘書官の参考人招致を一人で行うこと。
・「イラク日報」問題は安保委員会で、森友学園問題は財務金融委員会で集中審議すること。
・森友の土地取引をめぐる改ざん前の財務省文書と「イラク日報」を、一八日までに提出させること。二一日に公文書問題の集中審議を行うこと。

その代わり、八日の本会議には出てきてほしいというのです。これが五月二日のことでした。ところが話は簡単には終わりません。元首相秘書官を一人で答弁させることに、土壇場で官邸からブレーキがかかったというのです。官邸は、安倍総理の「お友達」の一人といわれる加戸守行元愛媛県知事を同席させろと要求してきました。時間を削るための策略でしょう。こちらとしては当然、話が違うじゃないかということになります。

揉めに揉めました。最終的に、最初の一〇分間だけ同席を認め残りの時間は元首相秘書官のみ、ということで合意しました。「絶対、柳瀬は出さない」というところから、国会を止めて「出す」というところまで、じりじり追い詰めてきたのです。

国民の知る権利を守るために、国会を止めた効果が発揮されたのです。ここで意地を張り続けて、すべてが水の泡に帰してしまっては元も子もありません。議席数は圧倒的に少なくても、押したり引いたりしながら粘り強く交渉するしかありません。

そして審議復帰へ

もし審議拒否という「最終兵器」を使わなければ、数々の改ざん、捏造、不正の当事者といわれる人たちに国会が証言させることはできなかったでしょう。何より元首相秘書官の「記憶」が戻ることもありませんでした。

五月七日、私たちは大島議長に対し「異常事態の打開に関する申し入れ」という文書を提出しました。以下がその内容です。

公文書の改ざん問題、森友学園への土地売却・値引き問題、これに伴う財務省による口裏合わせ、加計学園の獣医学部設置に関する官邸の関与、自衛隊の「日報」問題、現職の自衛官幹部の暴言、働き方改革に関するデータねつ造、文科省・経産省による教育現場への不当介入、財務事務次官のセクハラと財務省による人権侵害の調査など、どれ一つをとっても我が国を揺るがしかねない重大問題が立て続けに発生し、日本の民主主義の土台が根底から突き崩される異常事態を迎えている。

いずれも、国権の最高機関たる国会を冒とくし、立法・行政監視など国会の果たすべき機能を危うくする問題である。とりわけ、国会に対しねつ造・改ざんされた資料が提出され、虚偽の答弁が行われた疑惑が解明されないまま正常な議論を行うことは不可能であり、立法府は与党・野党に関係なく全容・真相の解明にあたるべきである。

国会審議の前提と信頼を回復するため、野党六党は再三再四、政府・与党に対し、証人喚問や資料の提出、調査結果の公表、そして十分な審議時間の確保を求めてきた。これに応じない政府・与党こそ、まさに国会審議の前提と信頼を破壊していると断じざるを得ない。

国会審議を再開できる環境を整える責任は政府・与党にあるが、その責任はいまだ果たされていない。それどころか、一方的に、政府提出法案を審議する本会議、委員会を強行に開会している。

大島理森議長におかれては、この異常事態を打開するために、諸問題の全容解明のために国会において必要かつ十分な審議を実施するよう取り計らいを求めたい。

さらに、立法府たる国会に対して、行政が虚偽の文書を提出した極めて重大な問題を踏まえて、国会審議の前提となる資料・調査結果の報告を早急に提出するよう政府に強く求めていただきたい。

国政を揺るがす疑惑の全容解明と再発防止こそが、大多数の国民の声であり、今こそ、国権の最高機関である国会が、与野党を超えて立法府の責務を果たすべき時である。

議長におかれては、国会が国民の負託にこたえ、政治の信頼を回復するために、公正な立場でご尽力いただきたい。

この申し入れに対し、大島議長から「できるだけのことはする」という返事をもらいました。それで翌八日に国会に復帰するわけです。

予定通り、一〇日の予算委員会で柳瀬元首相秘書官の参考人招致が行われました。彼は、首相官邸で加計学園関係者と面会したことを認め、それも三回も会っていたということも証言したのです。安倍首相が「腹心の友」と呼ぶ加計学園の加計孝太郎理事長とバーベキューの席にいたことも、安倍総理のゴルフに同行した「記憶」も戻りました。

国会審議に復帰した私たちは本格的な論戦を挑もうとしました。ところが、自民党サイドの約束破りが始まるのです。

森友学園に関する「改ざん前の文書」を約束の一八日に提出することができない、と告げてきました。約束が違う。どうも森友の改ざん前文書と「イラク日報」を同じ日に出して、ダメージ・コントロールをしようと画策したようなのです。別々に出すと二回騒ぎになるので、まとめて一回ですまそうとしたのです。

このときばかりは烈火のごとく怒りました。どんなときも冷静に交渉することに努めてきましたが、このときは声を荒らげました。

「約束したことを守れないようでは、交渉相手と認められなくなります。与党の国対委員長というのは、そんなに軽いものなんですか!?」

私は国対委員長として、村山富市さんからいただいた「できることしか言うな。約束したことは絶対に守れ」というアドバイスだけは忠実に守ろうと決めていました。そしてこれまで、実際に守ってきました。

だからこそ、約束を破られることが、どうしても許せなかったのです。

「審議拒否」の本当の理由

審議拒否にはれっきとした理由があります。「サボっている」どころか、通常以上にさまざまな活動が必要になるのです。

それは、審議が止まっている間に問題点を国民に伝え世論を喚起するためです。審議が一週間延びれば、その間に野党合同ヒアリングで証言を集めたり違った角度から問題点を追及したりと、いろんな手を打つことができます。マスコミ報道も盛り上がっていきます。

審議が数日間延びるだけで局面がガラッと変わることもあります。働き方改革関連法案から、裁量労働制を切り離すことができたのはその好例です。二階幹事長を深夜まで追いつめたり、あの手この手で審議を延ばしたことで、その間にデータの間違いがどんどん見つかったわけです。

もし抵抗せずにすんなり審議に入ってしまったら、国民の多くが問題点を知らないうちに法案がスルスル通ってしまうことでしょう。

ですから野党は、いくら「職場放棄だ」などと批判されても、審議拒否という戦術を使うのです。

自民党も審議拒否の意味はよくわかっています。「これでは審議に応じられない」と私が自民党に言いに行ったとき、二階幹事長が腕まくりをするポーズをとって「じゃあ、我慢比べするか」と語気荒く言い放ったことがありました。

そう、どちらが先に「降参」するか。政府・与党と野党の我慢比べになります。苦しくなって洗面器から先に顔を上げたほう、途中で腰砕けになったほうが譲歩することになるのです。予算や法案を通したいが強行採決を連発すれば政府・与党も批判されるので、野党が審議を拒否することは政府・与党にとってもっとも嫌なことなのです。

希望の党の調べでは、そもそも自民党も、民主党政権時代の三年三か月で八五回も国会を止めています。どの党が野党になろうとも、数が少ない野党がむしろ審議を十分するための条件を整えるために審議拒否をすることは変わらないと思っています。

しかし国民にとって、なぜ審議拒否をするのかが見えづらいのも事実です。「野党は国会をサボっている」「野党は批判ばかりしている」という指摘が耳に入ると、やはり気になるものです。

ただ、議論の土台となるデータや公文書が改ざん・隠蔽されていたら、その実態を解明しない限り政策提言などできません。いくら素晴らしい政策を唱えても、絵に描いた餅になってしまうわけです。

国民からすると、重箱の隅をつついているように感じるかもしれない。うんざりするかもしれない。しかし、国民の生活や命をも左右する政策の基礎に偽りがあるなら徹底的に追及しなければいけない、と私は考えています。

もう一つ、知っていただきたいのは、自民党——与党こそ「審議拒否」の常習犯だということです。

本来なら、予算が通ったあとに問題が出てきた場合、随時、予算委員会を開くことになっています。私たちは何度も予算委員会の開催を申し入れました。しかし与党は、予算委員会の開催を徹底的に拒みました。

政府にとって都合の悪いことは議論させないということでは、立法府の行政監視機能が果たせません。野党が衆参の規則に則《のっと》って要求しても蹴り続けたのですから、まさに与党の「審議拒否」です。

与党はよく、「野党は審議拒否ばかりしている」「職場放棄だ」と批判します。しかし、疑惑の真相解明や問題の議論をすることを拒否する与党の「審議拒否」こそ、立法府の「職場放棄」なのではないでしょうか。

大島議長の異例の所感

国会が閉会し、ひと息ついたころ、あっと驚くできごとがありました。七月三一日、大島議長が「今国会を振り返っての所感」を公表したのです。それは安倍政権に反省と改善を促す異例の内容でした。

1．この国会において、①議院内閣制における立法府と行政府の間の基本的な信任関係に関わる問題や、②国政に対する国民の信頼に関わる問題が、数多く明らかになりました。これらは、いずれも、民主的な行政監視、国民の負託を受けた行政執行といった点から、民主主義の根幹を揺るがす問題であり、行政府・立法府は、共に深刻に自省し、改善を図らねばなりません。

2．まず前者について言えば、憲法上、国会は、「国権の最高機関であり、国の唯一の立法機関」（憲法41条）として、「法律による行政」の根拠である法律を制定するとともに、行政執行全般を監視する責務と権限を有しています。これらの権限を適切に行使し、国民の負託に応えるためには、行政から正しい情報が適時適切に提供されることが大前提となっていることは論を俟《ま》ちません。これは、議院内閣制下の立法・行政の基本的な信任関係とも言うべき事項であります。

しかるに、⑴財務省の森友問題をめぐる決裁文書の改ざん問題や、⑵厚生労働省による裁量労働制に関する不適切なデータの提示、⑶防衛省の陸上自衛隊の海外派遣部隊の日報に関するずさんな文書管理などの一連の事件はすべて、法律の制定や行政監視における立法府の判断を誤らせるおそれがあるものであり、立法府・行政府相互の緊張関係の上に成り立っている議院内閣制の基本的な前提を揺るがすものであると考えねばなりません。

3．また、行政・立法を含む国政は、「国民の厳粛な信託によるもの」であり（憲法前文）、民主主義国家においては、国政全般に対する国民の信頼は不可欠なものであります。

にもかかわらず、行政執行の公正さを問われた諸々の事案や、行政府の幹部公務員をめぐる様々な不祥事は、国民に大いなる不信感を惹起《じやつき》し、極めて残念な状況となったのではないでしょうか。

4．政府においては、このような問題を引き起こした経緯・原因を早急に究明するとともに、それを踏まえた上で、個々の関係者に係る一過性の問題として済ませるのではなく、深刻に受け止めていただきたい。その上で、その再発の防止のための運用改善や制度構築を強く求めるものであります。

5．以上のような問題を生起せしめた第一義的な責任は、もちろん行政府にあることは当然でありますが、しかし、そのような行政を監視すべき任にある国会においても、その責務を十分に果たしてきたのか、国民の負託に十分に応える立法・行政監視活動を行ってきたか、については、検証の余地があるのではないでしょうか。国会議員は、私自身も含め、国民から負託を受けているという責任と矜持を持たねばなりません。このような観点から、最近、各党各会派や議員グループから、国会改革に関して具体的な提言がなされていることも、衆議院議長として、承知しているところであります。

きわめて強い言葉で断罪していることが、おわかりいただけると思います。最後に大島議長は、所感を次のように結んでいます。

今国会を振り返り、私たちは、国民から負託された崇高な使命とあるべき国会の姿に思いをいたし、憲法及び国会関係諸法規によって与えられている国会としての正当かつ強力な調査権のより一層の活用を心掛けるべきであります。そして、必要とあれば、その実効性を担保するため、それら国会関係諸法規の改正も視野に入れつつ、議会制度協議会や議院運営委員会等の場において、各党各会派参加の上で、真摯で建設的な議論が行われることを望むものです。

日本は三権分立の国です。行政府が間違ったことをしたら、立法府がたださなくてはなりません。行政府が間違ったデータやウソの文書を出してきたら、立法府は機能しなくなりますし、行政府との緊張関係はなくなります。立法府の長として、大島議長はよほど強い危機感を抱いたのでしょう。

安倍官邸は議長の所感に不快感を示していた、と漏れ伝わってきました。議長からこのような異例の所感が出るほど、安倍政権の特殊性はきわだっていました。

メディアでは「国会、与党ペース」と書かれました。野党は圧倒的に数では負けているので実現できることに限界はあります。

「与野党ねじれだったら、とっくに麻生大臣も安倍総理も辞任に追い込めるのに」と悔しさをかみしめる日々を送ってきたのも事実です。

しかし立法府として、国民のために一定の成果を上げることができたのではないでしょうか。働き方改革法案からの裁量労働制の切り離し、元国税庁長官や元首相補佐官の国会招致、衆議院議長が「所感」を出さなければならないところまで真相解明の手をゆるめない……。

それは、分裂から始まった野党がともにたたかうことで、信頼し合い結束することができた証《あかし》だと思っています。同時に、そこまでやっても安倍政権を倒せないという厳しい現実に、国対委員長として向き合う苦しい日々でした。

第四章　憲法をめぐる「暗闘」

立憲主義を守るために

私の国対委員長としての一番大きな仕事は何だったか、と問われたことがあります。これだけの疑惑が噴出した政権は私の二十数年の国会経験の中ではありませんでした。裁量労働制の切り離しも森友・加計問題の証人喚問の実現も、一筋縄ではいきませんでした。

しかし、もっとも神経をすり減らしたのは憲法にまつわる攻防でした。

私の最大の成果は、安倍政権での「憲法改悪」を二年間、一歩も前に進めず、事実上不可能にしたことだった――と評してくれる人もいます。

安倍政権の悲願は皆さんご存じのように「憲法改正」です。それは小泉政権を継いで発足した第一次安倍政権のときから始まっています。

二〇〇七年五月、第一次安倍政権の号令により国民投票法（日本国憲法の改正手続に関する法律）が強行採決され成立しました。それを受けて衆参両院に設置されたのが「憲法審査会」です。憲法審査会は、憲法改正原案を審議し、改正の発議をすることができる機関です。

それ以前は、二〇〇〇年に憲法について調査をする「憲法調査会」が設けられてきました。最初のころの委員には、中曽根康弘元総理や土井たか子元議長が入っていました。私もこの初期の委員の一人です。

調査会が設置されてから二〇年たった今日まで、安倍総理がいくら望んでも憲法は改正されませんでした。その最大の理由はただ一つ、変える必要がなかったからです。変えないと困ることがあるのなら、とっくに変えているわけです。安倍総理はそこをよく理解していないと思います。自民党の党是だ、祖父の代からの悲願だ、と強行に推し進めようとしても国民がついてこないのです。

憲法改正に向けて駒を進めようとする安倍総理との「神経戦」は一時も気を抜くことができませんでした。なぜ、一ミリも進めさせなかったのか。それは、安倍改憲が立憲主義を破壊する可能性がある、と危機感を強くしていたからです。

憲法とは国民を守るものであり、総理大臣や国会議員など権力者を縛るものです。たとえば、憲法二一条に「言論の自由」があります。これは「国民の言論の自由を侵害するような権力行使はしてはいけませんよ」と権力者を縛っているわけです。同様に、憲法一四条に「男女平等」がありますが、これは「女性差別は認めない」と規定しているので、たとえ議会で多数が推し進めようとしても男女差別を容認するような法律はつくることができないのです。

憲法は国民が権力者に守らせる規範であり、国民が守るルールではないのです。これが「立憲主義」の基本的な考え方です。

総理大臣が、自分が遵守しなければならない憲法が気に入らないから変えたいというのは、本末転倒なのです。

憲法が果たしてきた役割

戦後、日本国憲法が果たした役割は大きいと思います。戦前は男女平等すらかなわなかったのですから。

最近、世界中、そして日本でも女性の政治リーダーの活動が注目を集めています。コロナ危機への対応でもドイツのメルケル首相、台湾の蔡《さい》英文総統、ニュージーランドのアーダーン首相などの手腕が高い評価を得ています。

戦前の日本では女性の基本的人権や参政権は制約されていました。それまでは、政治は男性のみが投票し男性議員のみによって司られてきたのです。戦後、日本国憲法が誕生し憲法二四条で「個人の尊厳」「両性の本質的平等」が謳《うた》われ、このおかげで女性にも選挙権が付与され自由に発言し活動ができるようになったのです。

そして、憲法九条です。「平成」という時代、三〇年をひと言でいえばどんな時代だったのか？　こんな質問に、私は「戦争に参加しなかった時代」と答えています。やはり憲法九条が果たしてきた役割は大きいのです。

安倍総理は安保法制審議の際、「安保条約制定時も戦争に巻き込まれるという批判があったが、現在まで戦争に巻き込まれてこなかったではないか」という認識を示しましたが、「戦後、戦争に巻き込まれて死者を出すということがなかったのは、憲法九条で集団的自衛権を認めてこなかったから」ではないでしょうか。

集団的自衛権が認められていたら米軍とともに「朝鮮戦争」や「ベトナム戦争」などに参戦していた可能性が高かったでしょう。「イラク戦争」でもアメリカに要請されて前線に出ていたかもしれません。

「戦争によって一人も殺されず、そして殺さなかった」のは、憲法九条の歯止めの役割が大きかったという事実は否定できません。むしろ、あらゆる紛争を武力では解決しない国であるということを強みにして「人道支援」や「紛争仲介」に力を尽くすことができたのではないでしょうか。

安倍総理は、日本を「美しい国」にしたいと訴えていました。戦争で三〇〇万人以上もの犠牲を出し、言論の自由はなく、男性だけでの政治、女性には婚姻の自由も制限されていた戦前の日本は、とうてい「美しい国」とはいえません。

戦後、日本国憲法が制定され、男女平等、言論の自由、そして、七〇年以上、銃弾を一発も撃たなかった戦後の日本のほうが、はるかに「美しい国」だと思います。

「押しつけ憲法論」という「敗戦コンプレックス」で「思考停止」している「不毛な憲法論議」からの脱却が必要です。

憲法改正には三つの原則があると考えています。

①主権在民なので、多数の国民から「ここを改正してほしい」という具体的な声があがって、

それでは国会で議論を進めましょう、というのが正当な順番です。

②法律で対応できることは、法律でまず対応する。

③国論を二分するような論点は、憲法改正にはなじまない。国民を分断して政治が不安定になるからです。

政党が自分たちのイデオロギーで「改憲案」をまとめたり、自分たちの考えを国民に押しつける。これは立憲主義国の憲法改正の常道を逸脱した「押しつけ憲法」ならぬ「押しつけ憲法改正」となります。改正のための改正になってはならないのです。

国民の側から「ここを改正してもらいたい。そうでないと人権が侵害されてしまう」といった要望があって初めて国会で議論に入るのが道理です。しかし今のところ、国民の大多数から「憲法のここを変えてくれないと困る」という声は聞こえていません。

むしろ、コロナ危機などで生活困窮に陥っている人たちもいる中で、最低限の生活や基本的人権の擁護を規定している日本国憲法の理念をしっかり政策に落とし込んで支援していくことこそが総理大臣や政治家には求められているのです。

安倍総理との憲法をめぐる暗闘

私は国対委員長に就任する前から「安倍改憲」には警戒していました。

二〇一六年の参議院議員選挙の結果、衆議院と参議院で改憲勢力が三分の二の議席を占めていた時期です。三分の二の議席があれば、憲法改正の発議を強行することができます。もし相手の土俵に乗って議論したら最後、これだけ議論したのだから採決しましょう、と言ってくるに違いないからです。

いくらこちらが間違いや矛盾点を指摘しても、耳を貸さずに突き進んで強行採決をするのが安倍政権の常套手段です。安保法制のときもそうでした。野党はもちろん、大半の憲法学者たちも「違憲だ」と反対している法案を強行採決したのです。

ですから私は、相手の土俵には乗るまいと決めていました。土俵に乗ったら強行採決へ持って行かれてしまう可能性がある。歴史に禍根を残すことに加担することはできない、と強く思っていたのです。

私が国対委員長に就任する半年ほど前、二〇一七年五月三日の憲法記念日に、日本会議系の団体が主催する改憲集会で安倍総理のビデオメッセージが紹介されました。

「憲法九条の一項・二項はそのままにして、新たに自衛隊の存在を付け加える」と言い出したのです。自民党内でも寝耳に水のようでした。現在にいたっても、石破茂元幹事長など自民党の中からも反対の声があるほどなのです。

この唐突な主張は、それまでの安倍総理の発言とも大きく違います。

9条の第2項「陸海空軍その他の戦力は、これを保持しない。国の交戦権は、これを認めない」については、基本的に削除していくことで党内一致しています。

（「アサヒ芸能」二〇一二年五月二四日号）

九条の第二項では「交戦権は、これを認めない」とされていますが、解釈でしのぐのは限界に来ていると思います。その条文を含めて、やはり二項は全面的に削除し、改正すべきですね。

（「諸君！」二〇〇五年六月号）

「二項を変えないかぎり、詭弁《きべん》になる」――安倍総理は今まで、こんな主張を繰り返してきたのです。整合性も何もあったものではありません。私は、安倍総理が急に意見を変えたので、不思議でなりませんでした。安倍総理周辺に入れ知恵をした人たちがいるのではないか、と訝《いぶか》っていました。

実は、安倍総理が憲法九条に自衛隊を明記すると表明する前年に同じことを雑誌に発表した人がいたのです。二〇一六年九月、「明日への選択」という雑誌に一本の論文が発表されました。『「三分の二」獲得後の改憲戦略』というタイトルで、筆者は改憲団体の中核である日本会議の政策委員を務める伊藤哲夫氏（日本政策研究センター代表）です。

憲法九条に三項を加え、「但し前項の規定は確立された国際法に基づく自衛のための実力の保持を否定するものではない」といった規定を入れるということを提案していたのです。

どんな主張か一部を紹介します。

「改憲はまず加憲から」という考え方に他ならないが、ただこれは「三分の二」の重要な一角たる公明党の主張に単に適合させる、といった方向性だけに留まらないことをまず指摘したい。むしろ護憲派にこちら側から揺さぶりをかけ、彼らに昨年のような大々的な「統一戦線」を容易には形成させないための積極戦略でもある。

憲法の規定には一切触れず、ただ憲法に不足しているところを補うだけの憲法修正＝つまり「加憲」なら、反対する理由はないではないか、と逆に問いかけるのだ。

こうすれば彼らの反対の大義名分はあらかた失われるであろうし、（中略）第一段階としてこのような柔軟な戦略を打ち出せば、公明党との協議は簡単ではないにしても進みやすくなるであろうし、場合によっては護憲派から現実派を誘い出すきっかけとなる可能性もある。

安倍総理とこの伊藤氏は、かつてCS放送の「チャンネル桜」で対談をしていることも明らかになりました。そして、安倍総理の腹心の衛藤晟一《えとうせいいち》元首相補佐官と伊藤氏は、若いとき活動をともにしてきたといわれています。このような安倍総理の周辺――「お友達たち」の影響があったのではないかと思いたくなります。

さらに驚くべきことに、この「明日への選択」の二〇一六年一一月号で伊藤氏と同じ日本政策研究センターの小坂実氏が次のように論じているのです。

九条二項は、今や国家国民の生存を妨げる障害物と化したと言っても決して過言ではない。速やかに九条二項を削除するか、あるいは自衛隊を明記した第三項を加えて二項を空文化させるべきである。

（「今こそ自衛隊に憲法上の地位と能力を！」）

自衛隊明記は九条二項を空文化させるためだ、と白状しているのです。「自衛隊を明記しても何も変わらない」という安倍総理の主張は国民を欺くレトリックではないですか。憲法の文言を変えて、何も変わらないことなどありえません。何も変わらないのなら、わざわざ莫大な税金を使って憲法改正の国民投票をする必要はないのです。

自民党内でもコンセンサスが取れていない

その後、自民党は「改憲四項目」を言い出しました。①自衛隊について、②緊急事態について、③合区解消・地方公共団体について、④教育充実について、の四項目です。

これは「条文イメージ（たたき台素案）」というそうですが、「条文」の「イメージ」、「たたき台」の「素案」、とはいったい何のことでしょう。要するに、自民党内で正式なコンセンサスが十分取れていないから、こんなわけのわからない名前をつけるしかなかったのでしょう。

私が国対委員長のとき、安倍総理は「各党も改憲案を憲法審査会に出して議論すべき」と言い始めました。自民党の与党筆頭幹事も立憲民主党の山花郁夫野党筆頭幹事に接触しようと躍起になっていました。

しかし、自民党内でも生煮えの案を出しておきながら、委員会を開いて各党も改憲項目の案を出せ、とは失礼な話です。私は突っぱねました。

そもそも、憲法改正のプロセスは各党の改憲案を出し合ってその中から選んで改憲しましょう、というやり方は取りません。それは、憲法調査会以来長く会長を務められた自民党の中山太郎会長が決めた憲法論議の原則です。

「どこの党の案か」で色がついてしまいます。国民の声によく耳を傾けて、必要な項目があれば国会で受け止めて議論しようということで、この考え方は保守としての自民党の知恵だったと思います。中山会長はこのようなやり方を「熟し柿方式」と呼んでいました。安倍政権になってから、そうした保守の知恵はことごとくないがしろにされてしまったと感じます。

こんなこともありました。憲法九条に自衛隊を明記する必要性をめぐり、安倍総理がある逸話を紹介したのです。

「『お父さんは憲法違反なの？』といわれて、自衛官の息子が涙を見せたという話を聞いて、胸が張り裂けそうになった」

私たちは、あまりに安倍総理が堂々と発言したので本当に実話なのか、と問いつめました。すると安倍総理は「実話だ。自分が直接聞いた話だ」と答えました。しかし、実は伝聞だったことが、のちに判明します。実際は何十年も前、自衛隊が憲法違反だと批判する人がたくさんいた時代の逸話だったようなのです。

立憲民主党の本多平直さんがこの問題について質問したところ、こともあろうに安倍総理は「逆ギレ」したのです。

「私が言ったことをうそだと言っているんでしょう、それ。それは非常に無礼な話ですよ。うそだと言っているんでしょう、あなたは。では、これは本当だったらどうするんですか、これ。これはあなた、本当だったら。うそだと言っているんだから、総理大臣に」「私がうそを言うわけないじゃないですか」（二〇一九年二月一三日、衆議院予算委員会議録）

その一週間後、安倍総理は「防衛省担当の総理秘書官を通じて、航空自衛隊の現役幹部が話していたことを聞いた」と答弁を修正しました。

法律や憲法を改正するときには、論理的な立法事実が必要になります。そもそも、この自衛隊明記案は、安保法制のときの安倍政権の見解とも論理矛盾だらけなのです。

二〇一五年、安保法制の議論のとき、九割の憲法学者が憲法違反だと主張していました。これに対して、菅官房長官が「合憲だとする憲法学者もたくさんいる」と会見で発言。そこで私は菅官房長官に、「『安保法制は合憲である』と言っている憲法学者の名前は？」という質問をしました。すると、たった三人の名前しか答弁できなかったのです。

そして別の日には、菅官房長官は言い訳がましく「数じゃないと思いますよ。これはやはり、私たちは、最高裁、まさに憲法の番人は最高裁であるわけでありますから」と強弁しました。「大事なのは、憲法学者はどの方が多数派だとか少数派だとか、そういうことではない」とも答弁していました。

さらに、元最高裁判所長官も違憲の認識を示しているという質問には、安倍総理が「一私人になられている方でございまして、その私人の方について一々コメントするのは差し控えさせていただきたい」（二〇一五年九月一一日、参議院我が国及び国際社会の平和安全法制に関する特別委員会会議録）との見解を示しました。

そもそも、安倍総理は「憲法学者との関係においては、これはまさに純粋な理論でありますから」と憲法学者の意見は無視してきたのです。

自衛隊明記の場合は、安倍総理は多くの憲法学者が自衛隊は違憲と主張していることを根拠としていますが、安倍総理の理屈に従えば一私人にすぎない憲法学者が「自衛隊は憲法違反」と言おうが、政府の公式解釈は自衛隊は合憲なのだから、安保法制のときと同じように憲法学者の意見を気にする必要はないはずです。

安保法制のときの総理や官房長官の答弁との整合性がまったく取れていません。自分たちの政権に都合が良いように「憲法学者の見解」を使い分けしているのです。ダブルスタンダード、二枚舌です。憲法学者を持ち出す根拠は破綻しています。

もし否決されたらどうなるのか？

安倍総理は憲法九条に自衛隊を明記しても何も変わらないと言い張っていますが、果たしてそうでしょうか。

私は予算委員会の質疑で「否決されたらどうなるのか？」と安倍総理に問うたことがあります。安倍総理は「自衛隊は合憲で何も変わりません」と答弁しました。

私はこの認識は甘いと思います。合憲だという社会的なコンセンサスに疑念が深まるからです。自衛隊員の士気の低下につながらないでしょうか。国際的な自衛隊の信用低下につながらないでしょうか。

「政治の場で、自衛隊の正当性を明らかにしていく責任が政治家にある」と安倍総理は力説していますが、否決されたら正当性を明らかにするどころか、社会的にも国際的にも正当性を大きく揺るがすことになります。そんな賭けをする必要がどこにあるのでしょうか。

私も総理大臣補佐官のときに、東日本大震災の被災地で自衛隊の皆さんとミッションをともにし、本当にしんどい中を助けてもらいました。津波で亡くなられた方々のご遺体を運び心に傷を負った隊員の方もいたと思います。そんな自衛隊の存在をかえって不安定にしかねないリスクを取る必要がどこにあるのでしょうか。

しかも、国民投票の経費は「八五〇億円」という試算もあります。今それだけのコストと政治的エネルギーをかけて優先的にやるべきことなのでしょうか。

今度は新型コロナウイルス危機に便乗して、憲法に「緊急事態条項」を入れるべき、との声が自民党中心に出てきています。

「緊急事態の一つの例。憲法改正の大きな実験台と考えたほうがいいかもしれない」

これは、伊吹文明元衆議院議長の発言です。新型コロナウイルス危機を実験台にする――多くの方が亡くなり社会全体が苦しんでいる最中に、なんて無神経な発言なのでしょうか。東日本大震災のときも、「緊急事態条項がないから十分に対応できなかった」と自民党議員が騒ぎ出したことがあります。

震災後、中谷元防衛大臣とこのことについて私は議論したことがあります。結論は「東日本大震災は、新規立法や自衛隊法改正なしで対応可能だった」という答弁でした。法律の改正も必要ないということは憲法改正する必要はない、という認識を防衛大臣が示したということになります。

大震災も今回の感染症危機も地域によって状況が違います。知事など地方自治体の長の権限を強化するべきであって、憲法に緊急事態条項を入れて中央政府の権限を強化することは実態にそぐいません。だから東日本大震災の際に、緊急事態条項の創設に真っ先に反対したのは被災自治体の長たちだったのです。

憲法に緊急事態条項がないから移動の制限などができないという主張がありますが、これも法律で対応ができます。すでに、災害対策基本法や国民保護法には強力な私権制限が規定されています。

憲法一三条では「生命、自由及び幸福追求に対する国民の権利については、公共の福祉に反しない限り、立法その他の国政の上で、最大の尊重を必要とする」と定められています。歴代内閣は「公共の福祉のために必要がある場合に、合理的な範囲で国民の権利に制約をかけることができる」と解釈してきました。

この解釈にしたがって、災害対策基本法などでは道路交通の遮断や一部地域への立ち入り制限を認めているのです。新型コロナウイルス危機での私権制限も、憲法を変えなくても法律改正で対応できるのです。

災害対策の肝要は「準備していないことはできない」ということ。感染症対策も同じで、平時から政府や自治体が水際対策や検査体制の充実などの対策を練っておくことが重要で憲法改正は備えにはならないのです。

「自分の手で憲法を変えた」実績をつくりたいだけ

さて、海外では、憲法改正が否決されているケースも割合あるのです。そこには「否決の鉄則」みたいなものがあるとわかってきました。否決される可能性が高い国民投票の類似点は何か?

憲法審査会によるイギリス海外調査で、ＥＵ（欧州連合）離脱委員会の委員長はＥＵ離脱をめぐる国民投票の経験を踏まえ、次のように述べました。

「国民投票というものが、時の政府への賛否の投票、すなわち信任投票になりがちであり、これを行うにあたっては慎重であるべきです」

国民投票に失敗したイタリアでも「憲法改正の成否に自分の進退をかける」と首相が旗を振ったことにより首相の信任投票になり、国民の拒否反応が強くなり否決されました。「憲法は国民の財産であるから誰か（首相）の憲法改正であってはならない」と。

このアドバイスによれば、今や、安倍総理の色がつきすぎた憲法改正はどんなテーマでも否決される可能性が高いということになります。

私には、安倍総理は「誰もできなかった憲法改正を成し遂げた総理大臣」として名前を残したいだけではないか、と思うことがあります。

今は自衛隊明記案とか緊急事態条項にご執心ですが、以前は憲法九六条改正に夢中になっていたのです。憲法九六条とは、憲法改正の規定なのですが、国会の三分の二の賛成を二分の一の賛成に緩和することが必要だ、と力説していたのです。

「憲法九六条でありますが、ここから変えていくべきではないかというのが私の考え方」

「私は第九六代の首相で、九六条を変えたい」

一時は、九六条改正を本会議場や外遊先の記者会見でも訴えていたのです。

旗色が悪くなったら、いつの間にか「九六条改正」はフェードアウトしていました。ちょっと言ってみたが、やっぱりダメそうだからひっこめた、ということでしょうか。自衛隊明記案も九六条改正のように、ダメそうだったらまた別の案を言い出すのでしょうか。

結局、「自分の手で憲法を変えた」という実績をつくりたいだけのようなのです。

しかし、これが「安倍総理の真骨頂」なのかもしれません。三本の矢から始まって、女性活躍、一億総活躍、人づくり革命……。あれがいけそうか、これがいけそうか、フラフラし続けています。

外交でも、北方領土、北朝鮮……。北朝鮮問題では「対話のための対話はだめ」と言っていたのに、いつの間にか「金正恩《キムジョンウン》委員長と無条件でお会いしたい」と、同じ人の発言とは思えないほど変わっているのです。得意といわれる外交でも、あっちにフラフラ、こっちにフラフラ。憲法でも、フラフラと「改憲探し」をしているように見えるのです。

安倍総理は「世論調査で憲法改正の賛成が増えている」「自民党が選挙で勝ったから改憲の

議論を進めるべきだ」とも言います。では、沖縄では知事選挙でも国政選挙でも辺野古新基地反対の候補が勝っているので、その声を尊重するのでしょうか。無視しているではないですか。ここでも、一貫性のないご都合主義なのです。

憲法改正の国民投票は国民を賛成と反対でたたかわせることになりかねません。一歩間違えれば国民を分断してしまい、国家が不安定になりかねません。自分の功績づくりや思い込み、安易な姿勢で臨むべきではありません。

私は憲法については、与党国対とたたかったと思っていません。立法府の一員として、安倍総理と徹底抗戦したのです。二年間、一切譲りませんでした。

「議論すらしないのはおかしい」という批判

「議論すらしないのはおかしい」という意見があります。しかし、私は国会で憲法についての議論をさんざんしてきた議員です。

私は憲法調査会（二〇〇〇～二〇〇五年）、憲法調査特別委員会（二〇〇五～二〇〇七年）、憲法審査会（二〇〇七～実質二〇一〇年）と委員を務め、今までライフワークのように憲法論議をしてきました。

二〇年にわたる、国会の正式な憲法論議の場での発言回数の多い議員は、笠井亮《あきら》議員、船田元《はじめ》議員、枝野幸男議員、斉藤鉄夫議員、そして私がベスト五に入っています。

そんな私の頭の中で、「今はまともな議論ができない」と最大限のアラームが鳴っているのです。

ちなみに、安倍総理は一回も委員になっていません。「憲法審査会で憲法改正の議論をして、国民への責任を果たそう」と本会議場で高らかに言うにもかかわらず、です。

二〇〇〇年五月一一日、「衛藤晟一議員の代わりに出席させていただきました」と一回だけ代理で参加し、自分の意見だけ言って、そそくさと退席したことはあります。

そのときの意見も、日本国憲法について「占領中にできた、そのことはハーグ条約等に違反している」「日本人にとって、心理に大きな、精神に悪い影響を及ぼしているんだろう」「今度こそ根本的に私たちは私たちの手で新しい憲法をつくっていく」というもので、日本国憲法は国際法違反だとする右派のお決まりの「押しつけ憲法論」を展開したのです。

この日の発言では、公明党の委員も「押しつけ憲法であるから改憲すべきであるとの議論は、今回の憲法制定過程の検討により完全に否定された」というように発言しています。安倍総理はこうした議論を全く考慮に入れていなかったのでしょうか。

結局、憲法でも同じようなイデオロギーの「お友達」の中でしか議論してこなかったのではないでしょうか。

そんな安倍総理に「国会で議論しないのはおかしい」と言ってほしくありません。

実は、憲法審査会の議論を最初に止めたのは自民党でした。一年半にわたって止めたのです。安保法制のとき、憲法審査会で参考人として発言した憲法学者全員が「安保法制は違憲だ」と発言し、慌てふためいて「憲法審査会は止めろ」とブレーキを踏んだのは安倍総理ではないですか。ここでもまた、ご都合主義なのです。

はっきりさせておかなければならないことは、議論にもいろいろあるということです。集会や学会、テレビ討論などでの議論と国会での議論は、「質」と「権能」が違います。国会では議論だけでは済まないのです。その後に必ず「採決」が待っています。

国会での議論は国民に判断材料を提供するものであって議論しないのは国民を信用していない愚民政治だ、ともっともらしく言う人たちもいます。しかし、思い出してください。安保法制のときは、何十万人という人たちが国会を包囲し「反対」の声をあげたのです。それでも、問答無用で押し切って強行採決をさせたのが安倍総理なのです。

安保法制のとき、国会論議では私たちに理がありました。内閣の憲法解釈の見張り番の元法制局長官、防衛省の幹部や内閣官房副長官補を務めた元政府高官、元最高裁判所長官までもが憲法違反の法案だと認定していたのです。にもかかわらず、論理矛盾を無視して突き進んだのです。

憲法改正の議論を始めるということは、安保法制のときのような事態も覚悟しなければなりません。

憲法改正は最後は国民投票で決めるとしても、無邪気に「議論しよう」と駒を前に進めることが政治判断として正しいとは、私には思えません。私が国対委員長に就任した二〇一七年から「議論することが大切だ」とせっせと前に進めていたら、今頃、悪い方向の安倍改憲へ押しきられていた可能性があります。

国対委員長には、いつ、どんな状況で、何の議論をスタートさせるのか、させないのかを総合的に判断する必要があるのです。それがもっとも大事な仕事であり政治そのものなのです。

たとえ手を切り落とされてもハンコはつかない

憲法審査会は毎週木曜日が定例会なのですが、毎週、さんざん揉めました。毎週、土日の週末あたりになると、翌週の憲法審査会が押し切られないか気がかりで憂鬱になりました。

憲法改正の手続き法の改正を突破口に憲法論議を始めようと、自民党の中谷筆頭幹事が山花筆頭幹事に国民投票法改正案に賛同を求める書類を届けに来ました。共同で国会に提出するには、国対委員長が了承し印鑑を押さなければなりません。その書類を見て、私はこう言いました。

「たとえ、手を切り落とされてもハンコは押しません」

私たちは国民投票法を改正するのなら国民投票運動におけるCM規制を入れるべきだと主張してきましたが、この私たちの提案を与党は無視し続けてきたのです。了承できるはずがありません。

中谷さんは諦めました。毎週、こんな攻防を続けてきました。

ちょうど森友問題が噴出していました。公文書は隠す・捨てる・改ざんする、そんな政権とまともな憲法論議などできるでしょうか。こちらに理があります。私たちは突っぱね続けました。

現場で与党と直接ぶつかってきた憲法審査会・野党筆頭幹事の山花議員は、急性腸炎になって入院までしてしまいました。病院のベッドに横たわる山花さんが目を開けたら、病室に自民党の交渉相手である中谷さんが座っていたということもありました。本当に病気での入院なのか確認に行ったのかしら、と私は疑いました。

業を煮やした安倍政権は、憲法審査会のメンバーを入れ替えてきました。中谷さんに代わって新藤義孝さんや下村博文さんという安倍総理と同じような憲法観の議員を筆頭幹事に送り込んできたのです。

これに反応したのが、与野党協調派の「憲法族」重鎮の自民党の船田元議員でした。「今後の憲法審査会での議論が、少し強硬的になってしまうのかが心配だ」「官邸から急げと指令が出れば、彼らは側近だからその通りにやっていかないといけないだろう」と危機感を表明したのです。

案の定、船田さんの予言が的中しました。まず、下村さんが肩に力が入りすぎてフライングをしました。「野党は職場放棄している」と発言したのです。下村さんたちとの交渉も始まっていないのに職場放棄とは何ごとだ、と私たちは反発しました。

森山委員長も「これはまずい」とすぐに謝罪に来られました。「一方的で乱暴な発言をする人が相手では話し合いはできません」と私が伝えた数日後、下村さんは憲法審査会のメンバーから外されていきました。

新藤さんも与野党合意を無視して、何回も幹事懇談会を開こうとしました。野党が出席していない場面をわざとテレビに撮らせて「野党がサボっている」と印象づけようとしました。国民民主党の幹事が他の委員会で質問中のために参加できないことが明らかなのに、同時間に幹事懇談会を開こうとしたこともありました。さらに平沢勝栄議員がみずから責任者である委員会をサボって憲法審査会の会合に出ようとして、森山委員長が現場に止めに行くという事態もありました。とにかく、与野党合意がなくても執拗に進めようとしたのです。自民党が焦れば焦るほど、信頼関係は壊されていきました。

憲法審査会の委員でもない萩生田《はぎうだ》光一幹事長代行の軽率な発言まで飛び出しました。「虎ノ門ニュース」というネット番組に出演して「ワイルドな憲法審査会にする」と発言したのです。「強行するべき」というような意味ではないでしょうか。

野党を挑発するような発言が出るたびに、憲法審査会の開催はさらに難しくなっていきました。

極めつけは、参議院自民党からストップがかかったということです。国民投票法案改正を衆議院で強行して参議院に送ってきても参議院は廃案にする、と言い出したようなのです。選挙を控えて強引な憲法論議は自民党に不利になる、とブレーキを踏んだのです。

「衆議院と参議院で自民党の中が割れているではないですか。まとめてから野党と交渉してください」とこちらはまたまた突っぱねます。

憲法論議が進まなかった理由は野党が審議拒否したというより、強引に進めようとする自民党が自滅していったことにあります。

これを私は「安倍総理との暗闘」と呼んでいます。表向きは、山花さんと中谷さん、新藤さん、そして森山委員長と私が、やる、やらないで綱引きをしていましたが、水面下では安倍総理との「暗闘」であったと思います。

私が国対委員長時代の二年間、安倍総理の改憲への野望は一ミリも進みませんでした。「弱小野党」が「安倍一強」の思い通りにはさせなかったのです。数では圧倒的に劣勢ですが、少なくとも「へなちょこ野党」ではなかったという証左ではないでしょうか。

安倍総理の総裁任期は二〇二一年九月までです。憲法改正の手続き法である国民投票法をつくるだけでも二年かかっています。憲法改正をまとめるには、それ以上の時間がかかるでしょう。安倍総理の手による憲法改正は、事実上不可能な状態に追い込めたのではないでしょうか。

第五章　国会の無力化にあらがう

ウソも一〇〇回ついたら真実になるのか

私は二〇一九年九月に国対委員長を退任しました。そして、予算委員会の論戦の最前線に出ていくことになりました。「司令塔」から「プレーヤー」への復帰です。

そのころ「赤旗」のスクープ、そして共産党の田村智子さんの追及をきっかけに「桜を見る会」疑惑が明らかになりました。インターネット上でも、独自の検証をする人たちが多数現れました。

野党国対もたびたび合同ヒアリングを開き、追及チームをつくって調査を行っていました。ただ、この問題に火がついたのが臨時国会終盤だったので、本格的な論戦は年明けの通常国会に持ち越されることになりました。

二〇二〇年一月二〇日、通常国会が始まりました。総理大臣の「施政方針演説」と野党の代表質問が終わると、すぐに二〇一九年度補正予算、二〇二〇年度本予算の質疑が始まりました。

その本予算の基本的質疑で、私は安倍総理と対峙することになりました。本予算の質疑という、もっとも注目の集まる場面での対決は三年ぶりです。

「カンを取り戻さなくては」と私は年末からさまざまな資料に目を通し質問の準備を始めていました。しかし、予算委員会の「空気」は一瞬で変わります。どんなに準備をしても、そのタイミングにふさわしい質疑でなければ残念ながらお蔵入りとなります。それを質疑の最中、総理とバトルしながら判断していくのですから神経がすり減ります。質問準備では体重が落ちるくらいです。

このとき私は「桜を見る会」を取り上げることにしました。

「桜を見る会」の疑惑には多くの論点が出ていましたが、重要な論点は主に二つありました。

①安倍総理が毎年、選挙区の何百人もの有権者をツアーを組んで招待していたこと。地元の有権者に花見などで飲食させ接待する行為は、公職選挙法違反になります。では、税金を使った「桜を見る会」という総理大臣主催の行事での接待は買収にならないのか。

②「桜を見る会」前日、ホテルニューオータニやANAインターコンチネンタルホテル東京（以下、ANAホテル）で開催された安倍晋三後援会主催の前夜祭の宴会が、政治資金収支報告書に記載されていなかったこと。政治資金規正法違反になるのでは。五〇〇〇円という破格の参加費だが、安倍総理サイドが費用の一部を補塡していれば違法になるのでは。

私は二番目の疑惑に焦点を当てました。

安倍総理は、私の一回目の質疑で「一人ひとりの参加者がホテル側に直接五〇〇〇円ずつ支払っているので、記載しなくても問題ない」「ホテル側が宛名なしの領収書を各参加者に発行している」「ホテルと主催者である安倍晋三後援会との間で明細書の発行はない」と強弁を繰り返していたので、ここを突こうと考えました。

野党側の調査や追及は、今井尚哉《たかや》首相補佐官の叔父の今井敬《たかし》氏（元経団連会長）が取締役を務めるホテルニューオータニに集中していました。そこで私は過去三回（二〇一三年、二〇一四年、二〇一六年）、この前夜祭が開催されたもう一つのホテル——外資系のANAホテルに着目し、文書で質問書を送りました。

その回答を見て、息が詰まるほど驚きました。

（辻元）二〇一三年以降の七年間に、貴ホテルで開かれたパーティー・宴席についてお伺いします。

①上記について、貴ホテルが見積書や請求明細書を主催者側に発行しないケースがあったでしょうか。

（回答）ございません。主催者に対して、見積書や請求明細書を発行いたします。

（辻元）②上記について、個人・団体を問わず、貴ホテルの担当者が金額などを手書きし、宛名は空欄のまま領収書を発行したケースがあったでしょうか。

（回答）ございません。弊ホテルが発行する領収書において、宛名を空欄のまま発行することはございません。

（辻元）③ホテル主催ではない数百人規模のパーティー・宴会で、代金を主催者でなく参加者個人一人ひとりから、会費形式で貴ホテルが受け取ることはありましたか。

（回答）ございません。ホテル主催の宴席を除いて、代金は主催者からまとめてお支払いいただきます。

（辻元）④先の文書での質問も含め、お問合せした①〜③について、主催者が政治家および政治家関連の団体であることから、対応を変えたことはありますか。
（回答）ございません。

この回答を携えて二月一七日の質疑に臨みました。この日の質疑はメディアから「詰め将棋」と評され、安倍総理の虚偽を打ち抜いた——と報道されました。

安倍総理はその後も、理屈にならない言い逃れを国会で展開しました。「ホテル名での文書による回答は一般論であって、個別の案件は含まれない」とホテルの営業担当が秘書に話したと言い張ったのです。しかし多くのメディアは、文書での回答を取ろうとせず「自分の秘書にこう言った」と繰り返す安倍総理の発言を、まともな反論としては取り上げませんでした。

先ほどのＡＮＡホテルからの回答を見ていただければわかるように、私がホテル側に問い合わせたのは「二〇一三年以降の七年間に、貴ホテルで開かれたパーティー・宴席」すべてについての「ファクト」です。それに対してホテル側は、正式な文書という「ファクト」で答えてくれました。

何より、文書の最後で「主催者が政治家であっても対応を変えたことはない」とホテル側が答えています。どう考えても、安倍総理の答弁は論理破綻しています。

このあと、安倍総理は「桜を見る会」の件で法律家らから刑事告発されました。

鯛《たい》は頭から腐る

私は一九九六年の初当選以来、歴代の総理大臣と直接議論をしてきました。橋本龍太郎さん、小渕恵三さん、森喜朗さん、小泉純一郎さん、福田康夫さん、麻生太郎さん、鳩山由紀夫さん、菅直人《かんなおと》さん、野田佳彦さん、そして安倍晋三現総理大臣です。

自分たちに都合の悪いことは隠蔽し改ざんする、こんな政権は安倍政権が初めてではないでしょうか。さらに、自分たちに反対する者は「敵」ととらえて、圧力をかけたり罵声（ヤジ）を浴びせたりする。小泉純一郎さんともずいぶんやり合いましたが、ここまでではありませんでした。あのときは最悪だと思っていましたが、それを更新しているような状況です。

たとえば「桜を見る会」をとっても、小泉さんは総理時代「自分の選挙区の人を招待することは考えていなかった」と振り返っています。「なぜあの人が招待状をもらって、自分はもらっていないんだ」という不公平を生むからだそうです。

総理という要職についた人は、越えてはならない政治の要諦を心得ています。安倍総理には、その規範意識がないことに愕然《がくぜん》とします。

さすがの小泉さんも、二〇二〇年三月の雑誌インタビューで「安倍さんは責任を取って辞めざるをえない」との「退陣勧告」を突きつけています。それに対し安倍総理は「（政権を）放り投げることは考えていない」と語気を強めて辞任を否定しました。政治の「師匠」であったはずの小泉さんの忠告にも、もはや耳を貸す気はないようです。

かつての自民党には超えてはならない一線――矜持があったように思います。そして後藤田正晴さんや伊東正義さん、野中広務さんのような「御意見番」的な人が目を光らせていて、総理大臣にもダメ出しをしてきた歴史があるのです。現在の自民党はブレーキがぐらぐらになって走っている車のように見えます。

政治の規律が揺らぐということは、それを支える官僚組織の規範意識まで壊されていくことにつながります。「国民の奉仕者」たる官僚が、政権を守るために露骨なウソをつく場面を何回も何回も見せつけられて、うんざりしている人は多いのではないでしょうか。このことは、三権分立の崩壊につながる「深刻な病」だと思います。

国会議員の調査や質問で、官僚がけむに巻くような答弁をすることは普通にあります。そこを突破して、有効な答弁や資料を出させるのが質問者の腕の見せどころです。しかし、答弁でウソをつかれたら、質疑のたびに「それは本当か」と裏取りをすることに追われ、政治家同士の意味のある質疑ができなくなります。

前述した南スーダンPKOの「日報」問題がそうでしたが、私の質問はまさにあのタイミングでなければ意味がなかったのです。あのウソがなければ、政策が変わっていた可能性があるのです。

それを誰よりもわかっているはずの官僚が、何のためにウソの答弁をするのか。理由はただ一つ。政権を、ひいては総理大臣を守るためです。そして、政権にすり寄った官僚は出世していくのです。

一方、真実を公表しようとした前川喜平さんのような官僚には圧力をかける。公文書改ざんを押しつけられた官僚は自殺に追い込まれる。こんなことが続けば、真実にしたがって仕事をする公務員はいなくなるかもしれないし、そもそも志を持った人が職業として選ばなくなるでしょう。

「鯛は頭から腐る」ということわざがあります。どんな組織においても、上層部が腐敗していると全体が腐っていく。トップがひとたびウソをついたら、そのウソに合わせて、部下たちはさらに多くのウソを重ねなければならなくなる。

私が予算委員会で安倍総理にこのことわざをぶつけたら「罵詈雑言だ」と色をなしました。

こんな政権、こんな統治機構では、遠からず日本の社会全体が崩壊するのではないか、という危機感が私にはあるのです。

出世をえさに「口封じ」

私は民主党政権時代、国土交通副大臣や内閣総理大臣補佐官を経験し、多くの官僚たちと日本航空の再建や東日本大震災の被災者支援など困難な仕事をともにしました。ですから、日本の官僚の誠実さや優秀さをよくわかっているつもりです。

日本をよくしたい、より豊かで公正な社会にしたい、困っている人を助けたい――そんな思いで一生懸命、まじめに取り組んでいる人たちを見てきました。今のような状況に心を痛めている官僚たちも、たくさんいると思います。

しかし、自分の上司が隠蔽、改ざんに手を染め、ウソをつくことで出世をしているのを見て、やる気をなくしたり、目をつぶって自分も同じことをしなくてはと考える人が、たとえ一部でも出てきてしまったらどうなるでしょうか。こうして霞が関のモラルがどんどん崩壊してしまいます。

たとえば佐川宣寿氏は森友問題で、財務省の理財局長として虚偽答弁、公文書改ざんで「活躍」したことで、国税庁長官に引き立てられました。佐川氏の部下として直接手を下した財務省の中村稔元総務課長は、ほとぼりが冷めたら「ご褒美」としてイギリス公使に任命されました。

柳瀬唯夫氏は加計学園問題で「知らぬ存ぜぬ」を通し、安倍総理を守り抜いた直後、民間の非常勤取締役に「天下り」し、その後、国際協力銀行の「日米豪連携担当アドバイザー」、NTTの持ち株会社の取締役に就任しました。

加計学園問題のもう一人のキーパーソンが、和泉洋人《いずみひろと》首相補佐官です。二〇二〇年の予算委員会で、厚労省から内閣官房に出向中の部下、大坪寛子審議官との「公費・不倫海外出張」の実態が白日の下にさらされました。インド、中国、ミャンマーなどの公務出張に、この審議官を同行させ「コネクティングルーム」に二人で宿泊していたのです。普通の会社なら処分されますが、安倍総理はおとがめなしで見逃しているのです。

さらに、これらの疑惑を裁く検察人事にまで手を出しました。黒川弘務東京高検検事長の定年を、法律の解釈を変えたと強弁して、脱法的に延長しようとしたのです。

黒川氏が法務省や検察で力を持っていた間に、甘利明元経済再生相や小渕優子経済産業相などの疑惑は不起訴になりました。森友問題でも全員不起訴。黒川検事長が「官邸の守護神」といわれるゆえんです。安倍総理は「桜を見る会」問題でも公職選挙法違反や政治資金規正法違反で告発されているので、総理を守るためにもうひと肌、脱がせようとしたのかもしれません。

結局、コロナ禍で緊急事態宣言が出されている中、黒川氏が「賭け麻雀」をしていたと報じられ辞任しましたが、政府は「レート（賭け金）は必ずしも高くなかった」として、人事院指針よりも軽い「訓告」処分を下しました。退職金の約五九〇〇万円もしっかり支払われました。法律違反を追及する側のトップに立たせようとした人が法律違反をしていた可能性が高いのに、「ご褒美」または「口止め料」なのでは、と指摘されています。

「法の番人」であるはずの内閣法制局長官の矜持も失われていきました。安倍政権が安保法制をごり押しするために、反対する法制局長官をクビにし、外務官僚の小松一郎氏を長官にして憲法違反といえる閣議決定にお墨付きを与えさせました。

小松長官の後任には横畠裕介氏が長官に就任したのですが、その横畠長官は参院予算委員会で、質問中の小西洋之議員を揶揄するような答弁をしました。きわめて中立性の高い立場の内閣法制局長官が、国会の正式な委員会でこのような振る舞いをするというのは前代未聞です。

歴代法制局の解釈を覆して憲法違反の安保法制をごり押ししてから、内閣法制局も何でもありになってしまっています。横畠長官は法制局退任後、国家公安委員会委員に抜てきされました。安保法制制定過程の議事録も残していないのですから、どうやって憲法解釈を捻じ曲げたのか、これでは歴史から消されてしまいます。

すべての人事は、まるで「口封じ」のための「ご褒美」のようです。処分をしたり責任をとって辞めさせたりしたら、恨みに思って真実を暴露されてしまうかもしれない。安倍総理がもっとも恐れているのは、そこだと思います。

だから出世させる。真相を知りうるキーパーソンたちが、口をつぐんでさえいれば、本当はいったい何があったのか、闇に葬ることができる構造になってしまっているのです。

官邸支配はここまできている

官僚だけではありません。加計学園問題で安倍総理とともに暗躍したといわれる萩生田光一議員は、二〇一九年、文部科学大臣に引き立てられました。わざわざ疑惑の渦中にあったといわれる人を、所管の大臣に任命したことに与党内でも驚きの声が上がったといいます。これは文部科学省に対する口封じに映ったのでしょう。

文部科学省では、総理の関与が示されたさまざまな文書が出てきました。まだまだ証言や文書が出てくるかもしれない。そこで、「見張り役」として萩生田さんを文科省に送り込んだ。

そう考えると、つじつまが合います。

「疑惑」の総本山が官邸です。ここでは官僚の元締めのような今井尚哉首相補佐官兼秘書官が安倍総理の意向を受けて采配し、その今井氏の指示で「官邸官僚」が動き、そこから財務省や厚労省、内閣府に具体的な指示が下ります。

財務省など、各省庁で官邸の手足になって動く官僚たちには、総理から直接ではなく、首相秘書官や補佐官という最側近を間にかませて、巧妙に改ざんなどの指示が下りるメカニズムのようなのです。

なので、このインナー官僚が口を割らない限り、安倍総理の関与は証明できません。これらの人たちがしゃべらなければ自分は安泰であると、安倍総理はタカをくっているのではないでしょうか。

私は国対委員長として、佐川理財局長や柳瀬首相秘書官を国会で証言させるところまでは実現しました。そのとき私は、彼らにあるはずの一抹の「公僕としての良心」にかけていたのです。しかし、彼らは最後まで、安倍総理を守り通しました。

森友問題が始まったころ、議員会館の廊下で連日答弁に立っていた佐川理財局長にばったり会ったことがありました。私の顔を見ると「辻元先生のことは勝栄二郎事務次官から聞いています」と声をかけてきました。

私は国土交通副大臣のときに、日本航空再建の責任者として、勝次官の部下だった香川俊介総括審議官（当時）と難しいオペレーションをした経験があるので、財務省の中で私の話が出ていたのかな、と思いました。

それにしても、憔悴《しょうすい》しきった様子でした。「身体にはくれぐれも気をつけて」と私が声をかけると、一瞬、目に光るものがあったように思いました。そのときは、まだ私は彼らに対して「こんなことまでさせられて、かわいそうに」と同情すらしていました。

しかし佐川氏は、途中から開き直った顔つきに変わっていきました。

「もっと強気で行け。PMより」

答弁に立つ佐川氏に、こんなメモが渡されたという報道がされました。PMとは「Prime Minister」、つまり総理大臣のことです。

この佐川局長の指示で公文書を改ざんさせられた赤木俊夫さんは自殺に追い込まれました。遺されたメモには、「最後は下部がしっぽを切られる。なんて世の中だ。手がふるえる。恐《こわ》い　命　大切な命」と書かれていたそうです。

問題が起こるたびに、安倍総理は「膿を出し切る」と繰り返していますが、安倍総理夫妻こそが、膿の元（ウミノオヤ）になっているのではないでしょうか。

しかし、私は国対委員長として森友や加計の疑惑を明らかにして、安倍政治を終わらせることができませんでした。矢面に立ちながら質疑に立ってくれた議員たち、苦労してつくった文書が紙屑《かみくず》のように扱われて悔しい思いをしたスタッフたち。そんな人たちの思いを背負ってたたかった二年間、もっと政権を追い詰めるチャンスはあったかもしれません。

国対委員長は結果がすべてです。国会が閉会するたびに、力不足で国民に申し訳ないと思っていました。

何よりも心を痛めたのは、こんな政治の惨状を見せつけられている人たちが政治不信に陥り、政治から目をそらしてしまうのではないかということです。もう少し与野党の議席数が伯仲していれば、状況は違ったかもしれません。最後まで真相究明にいたらない現実に責任を嚙みしめています。

公私混同政権の理由

なぜ、日本の政治はこうなってしまったのでしょうか。私は「公私混同」と「規範意識のなさ」に原因があると思います。

安倍政権は、横糸は「世襲議員」、縦糸は「右派の人脈」で紡ぎ出されているように見えます。

安倍内閣はウルトラ世襲内閣です。麻生副総理は吉田茂元総理の孫、梶山弘志経済産業大臣は梶山静六元自民党幹事長の息子、河野太郎防衛大臣は三世、小泉進次郎環境大臣は四世……。加藤勝信厚生労働大臣は、加藤六月元農林水産大臣の娘婿。そして加藤六月さんの妻と、安倍総理の母親の洋子さんは大の親友として知られています。家族ぐるみのお付き合いのようです。

新型コロナ対策担当大臣の西村康稔《やすとし》経済再生担当大臣は、元自治大臣の吹田《ふきだ》あきら氏の娘婿。この吹田氏は、安倍総理の祖父の岸信介元総理が戦後政界復帰するのに尽力し、岸元総理の山口の地盤を引き継いだ側近議員だったのです。

コロナ対応は、安倍総理の祖父の娘（安倍総理の母）の親友の娘婿の加藤厚生労働大臣と、祖父の側近議員の娘婿の西村経済再生担当大臣という「身内」に担わせているのです。

次期総理候補の岸田文雄さんは三世、石破茂さんは二世議員です。

また、側近中の側近である今井尚哉首相補佐官兼秘書官の叔父は、元経団連会長の今井敬氏と今井善衛《ぜんえい》元通産省事務次官です。

安倍総理も祖父は岸信介元総理、父は安倍晋太郎元外務大臣、大叔父は佐藤栄作元総理という、戦前からの政治家一家です。

まるで「世襲王朝」です。

新型コロナウイルス危機で人々が苦しむ中、星野源さんの曲に合わせて「ステイホーム」を呼びかけた安倍総理の動画に批判が殺到しました。自宅の優雅なリビングで犬と戯れ、お茶を飲む姿に、「貴族みたい」というのは言い得て妙だと思いました。

若者に家にいるように訴えたかった、と言い訳をしていましたが、アルバイトが打ち切られて学費が払えない学生、休校で苦しむ子どもを抱えたシングルマザー、「ステイホーム」したくてもできない看護師や医師、介護福祉士や保育士、交通・運輸労働者、スーパーの店員……。そんな苦しい人たちがこの動画を見たら、どんな気持ちになるかを考えなかったのか不思議でなりません。

安倍総理に最初から悪気があるわけではなさそうです。むしろ、よかれと思って愚かしいことをやっているところが恐ろしい。安倍昭恵さんも同じパターンに見えます。思いがいたらない、自分と同じような境遇の人たち以外の世界を知らない、想像ができないのではないかと思います。だから、批判される意味がわからないので、いつも「自分は悪くない」と正当化してしまうのです。

自分の家や、友達の延長のような感覚で権力を行使している。公私の区別がわからなくなっているのでしょう。

どんな会社や組織でも、世襲が半数以上になると硬直化し潰れてしまうのではないでしょうか。世襲や縁故の上司ばかりの会社が発展すると思いますか。

一人ひとりの世襲議員を非難しているのではありません。生まれる親は選べませんから。私にも、与野党問わず世襲だけれど仲のいい議員や尊敬する人はいます。しかし「塊」になると、政治や社会が偏ってしまい制度疲労を起こしてしまうのです。なあなあになって、規範意識が薄れていきます。「法治」ではなく「人治」の政治に陥ってしまっています。

日本が世界から取り残されているのは、国際社会でも稀《まれ》に見る「世襲・縁故・えこひいき」の権力構造に原因があると考えられます。『世襲格差社会』（橘木俊詔・参鍋篤司、中公新書）という本が出ていますが、格差の原因もここにあると指摘されています。

政治に多様性を取り戻す、これが最大の課題なのです。

もう一つの特徴は右派といわれる人脈や応援団の存在です。

安倍総理に重用され続けている稲田朋美さん、萩生田光一さん、下村博文さんらがその代表格です。大臣や党の要職に途切れることなく任命されています。憲法審査会の筆頭幹事も、中谷元さんから新藤義孝さんに交代させましたが、ここでも同じイデオロギーの人たちで要所を固めたかったのでしょう。

新型コロナウイルス危機の渦中に、安倍総理が稲田さんの誕生会に駆けつけたことが批判されました。「国民の危機より仲間が大事なんだ」と私は感心すらしました。

私は、森友問題の根っこもここにあるのではないかと考えています。安倍総理や右派系の人たちが「教育勅語特区」をつくろうとしたことが発端ではないか、と思っているのです。

籠池夫妻は教育勅語を教育の基本に据えた幼稚園を運営していました。それに共鳴した安倍総理や昭恵夫人、そしてこの幼稚園では桜井よしこ氏らが講演をしていました。次は教育勅語を軸とした私立の小学校をつくるという趣旨に賛同して、右派系の人たちが応援していたのではないでしょうか。

安倍総理はヤジを飛ばすことで、たびたび問題になってきました。私に対してだけではなく、杉尾秀哉《ひでや》議員に対し「共産党か！」、玉木雄一郎議員には「日教組！」という言葉をぶつけました。これらの言葉は、ネトウヨ（ネット右翼）がリベラル派を貶めるために使うお決まりのフレーズです。

公式の国会審議の場で、こんな言葉を一国の総理大臣が口から発することは、安倍政権がネトウヨの影響まで受けているということの証左ではないかと心配でなりません。

私は「左派」というレッテルを貼られ攻撃を浴びせられることが多いのですが、政治は「左派」「右派」関係なく、すべての人を守るのが仕事だと思っています。

総理大臣のヤジ

総理大臣席からヤジを浴びせかけるのは、安倍総理だけです。「早く質問しろよ」とか「意味のない質問だよ」とか。

「辻元委員の質問の際に、私の不規則発言に関し、（中略）、重ねてお詫び申し上げるとともに、ご指示を踏まえて、真摯に対応してまいります」

委員会の場で何回謝罪をしても、また、ヤジを飛ばすのです。二〇一二年から二〇二〇年の通常国会まで議事録に記録されている総理大臣席からの不規則発言（ヤジ）は一四四回。イラッときたら我慢できないようなのです。こんなことで危機対応ができるのかしら、厳しい外交交渉ができるのかしら、と心底日本が心配になります。

これは、立法府と行政府の役割とあり方への理解不足であると考えられます。国会における質疑、それに対する総理大臣や国務大臣の答弁は、憲法六三条、内閣法一条二項、国会法七〇条、七一条、衆議院規則四五条、四五条の二などに規定されています。たび重なるヤジは、これらの規定を心得ていたらありえないのです。

衆議院規則四五条一項では「委員は、議題について、自由に質疑し及び意見を述べることができる」とされ、議員の自由な意見表明や質疑権が保障されています。

とくに立法府では、行政の監督と統制が重要な役割です。野党の厳しい政府へのチェックや批判ができなくなったら、政治は大政翼賛会になってしまいます。そうさせないために、憲法六二条では国政調査権も保障されているのです。

森友・加計・桜を見る会にしても、自民党にはおかしいと追及する議員すらいません。立法府による行政府の監督・統制を、野党がきっちり果たすことは、日本の健全な民主主義を窒息させないために、今こそ大事なのです。

一九七五年六月五日、当時の吉國一郎法制局長官が総理大臣の答弁について、次のように答弁しています。

「行政上の問題について答弁し説明すべきことを当然の前提といたしておるのでございます。つまり、答弁し説明する義務があるというふうに考えております」

立法府の議員の質問について説明するのは総理大臣の義務なのです。これは憲法で規定された総理大臣の役割なのです。その義務を果たすために出席している国会で自分が批判されたからといって「ヤジ」を飛ばすというのは、この憲法上の自分の立場を理解していないということなのです。

「意味のない質問だよ」

「くだらない質問」

「反論させろよ、いい加減なことばかり言うんじゃないよ」

安倍総理はこのようなヤジを繰り返してきました。私的な場所で論評するのは自由です。しかし、国会の正式な委員会の場では、立場や意見の違いや批判があったとしても、憲法六三条に則り内閣総理大臣という立場で出席している以上、立法府の議員の発言に意味があるとかないとか、評価をする立場にはないのです。安倍総理にはその自覚がありません。

安倍総理は一般の市民に対しても、批判されたら「こんな人たちに負けるわけにはいかない」と指差して叫んだことがあります。自分と意見が違う人たちをも守らねばならないのが総理大臣としての立場だ、という基本がわかってないのです。

「保守の懐の深さ」とは

かつての自民党には、国民政党としての余裕と貫禄《かんろく》があったように思います。竹下登元総理は、「野党七割、与党三割」「野党の言うことをどれだけ取り入れられるかが、反対を減らすことにつながるんだ」とおっしゃっていました。

現在は、小選挙区・政権交代時代になったので与野党のバトルがかつてより激しくなった側面はあります。

しかし、それでも以前の自民党には、保守の余裕がありました。「われわれは多数を持っているのだから、最終的には決めることができる。だから、できるだけ多くの人の意見を聞こうじゃないか」という大人の貫禄があったような気がします。

自分と異なる意見にも耳を傾けて落としどころを調整し、ちょうどよいさじ加減の美味しい料理をつくる。私はそれを、自民党の古い政治家たちから学びました。

とくに印象に残っているのは小渕恵三元総理です。小渕さんからは、私が国会で厳しい質問をしたあと、よく電話がかかってきました。流行語にもなった「ブッチホン」です。

周辺事態法案審議で、私が連日、質問をしていたときのことでした。

「今日は質問ありがとう。ところで、辻元さんのような厳しい意見を持っている人は、割合たくさんいるということかね？」

私が「はい、たくさんいますよ」と答えると、小渕さんは「そうか」とため息をついて「あなたのような意見は、私の耳には入らないんだなあ」と少し淋《さび》しそうでした。

竹下登元総理も反対意見すら吸い込むスポンジのような政治家だ、と感じたことがありました。一九九二年、ブラジルのリオデジャネイロで国連主催の「地球サミット」が開催されたときのことが忘れられません。

当時、私はＮＧＯの一員として参加していました。宮沢喜一総理大臣がＰＫＯ法案採決のため参加できず、竹下さんが日本代表団を率いてブラジル入りしたのです。

現地で日本政府主催の「ジャパンデー」が開かれました。そこでＮＧＯ代表者がスピーチすることになったのですが、長良川河口堰《かこうぜき》反対運動をしているメンバーの発言を拒まれたのです。

政府の政策に反対しているような人を、政府主催の会で発言させられない、というのです。

私たちは日本政府に強く抗議をし、結局ボイコットをすることになりました。これをきっかけに環境団体と政府との対立は深まりました。

ところが、帰国後、竹下さんサイドから思わぬ連絡があったのです。「ＮＧＯの言い分を聞かせてほしい」と。そして、ＮＧＯサイドの代表者が竹下邸に招待され話し合ったのです。リオの「地球サミット」に参加した欧米各国の中には、ＮＧＯメンバーを政府代表団の中に入れている国もあり、竹下さんはＮＧＯの存在に興味を持たれたようなのです。どんな活動をしているのか直接聞きたい、とのことでした。

その後、カイロの人口会議やコペンハーゲンの社会開発サミットには、政府のオブザーバーとしてＮＧＯの枠が設けられるようになったのです。

このとき、私は自分が国会議員になるとは思ってもいなかったのですが、議員になってから、この「竹下流」の意味を噛みしめるようになりました。

見過ごせない問題については、もちろん徹底的に追及します。それは変わりません。しかし一方で、自分とは異なる意見、時には正反対の意見であっても受け止める余裕が政治家には必要なのです。

さまざまな意見を聞いて議論を重ね、そうして調和の取れたバランス感のある社会をつくっていく。それが政治なんだということを、保守政治家から学んだのです。

国会無力化計画とのたたかい

国対委員長という仕事は、立法府を支える柱、民主主義の歯車だと心して仕事をしてきました。

「あなたと私の二本の柱が壊れたら国会は動かなくなるのです」と森山委員長にもたびたび申し上げてきました。

私の二年間の国対委員長としてのたたかいは、立法府を破壊させないための日々だったように思います。今まで述べてきたように、安倍政権は歴代の自民党内閣とは異質です。与野党でのフェアな議論が成り立たないのです。

その「異常事態」に対して、数では圧倒的に負ける野党がファクトを突きつけ「知恵」と「連携」でどこまで歯止めをかけられるのか、という挑戦でした。

三権分立の破壊、そして国会を無力化しようとする政権とのたたかいに、相当のエネルギーと時間を費やさなければなりませんでした。未来のビジョンを議論する以前の問題に足を取られるもどかしさがありました。国対委員長として、どうすれば立法府の機能を強化してまともな三権分立を取り戻せるのか、国会改革についてずっと考えていました。

当時、小泉進次郎議員らが中心になって、国会改革の議論が進められていました。ところが「総理大臣や大臣の国会出席日数を減らす」というようなことが中心に据えられていました。欧米諸国は大臣などの国会での答弁回数がずっと少ないので、日本も減らすべきだと言うのです。

今の日本で総理大臣や大臣に直接質問する機会が減ったら、ますますやりたい放題の政治になってしまいます。行政監視機能の低下につながります。小泉さんたちの国会改革には賛同できませんでした。

フェアな立法府に立て直すための「国会改革」

では、どうすれば、フェアな国会が実現することができるのか。私たちの「国会改革」をまとめてみることにしました。

私たちの「国会改革」の提言の冒頭には、次のように記しました。

行政府が国会の国政調査権を無視する異常事態も起きており、その最たる例が、財務省による公文書の改ざん問題であり、防衛省の日報問題である。このような「強すぎる行政府」の暴走を抑えるには、立法府の行政監視機能を強化する必要がある。国会で多様な意見を踏まえた健全な議論がなされ、立法府と行政府が適度の緊張関係を保てる状況を回復する国会改革こそが求められる。

あわせて国会の立法補佐機能や調査機能の強化、女性議員が活躍しやすい環境整備、国会のムダ削減といった課題にも取り組む必要がある。

以下、主な提言を紹介します。

①議員提出法案の審議の活性化

国対委員長として、議員立法の提出に力を入れました。一部を紹介します。

「原発ゼロ基本法案」
「ソーラーシェアリング推進法案」
「選択的夫婦別姓法案」

「ＬＧＢＴ差別解消法案」
「公文書管理法改正案」
「カジノ法廃止法案」
「共謀罪廃止法案」
「子どもの生活底上げ法案」
「人間らしい質の高い働き方を実現するための法律案」
「農業者戸別所得補償法案」
「ワークルール教育推進法案」
「性暴力被害者支援法案」
「復興加速四法案」

議員が議論を重ねて練り上げた法案です。しかし、与党は一切、審議に応じようとしませんでした。

日本の国会では野党提出法案は審議されず、店《たな》ざらしにされます。国会は、政府提出法案を成立させるためだけのベルトコンベアではないはずです。

そこで、委員会ごとに議員提出法案の質疑のための定例日を設け、主に野党提出法案の審議を行うことを提案しました。

「野党は批判ばかり」とか「対案がない」という声を聞きますが、野党は対案もたくさん提出しているのです。審議されないので何を提案しているのか報道もされません。野党の議員立法を審議することで、野党の政策を示すことができます。そのことによって、政府・与党と野党が対等な立法府を実現するのです。

②国会における虚偽答弁や国会提出資料の改ざん・捏造の防止

公文書管理法を改正して、虚偽答弁や資料の改ざん・捏造を行った行政官に対する罰則を強化し、政府から独立性の高い公文書管理機関を創設するべきです。

③国会審議を通じた法案修正の活性化

国会審議を通じて野党が修正を求めても、ほとんど応じないのが現状です。法案を与野党の熟議によってより良いものにしていくことを保証するべきです。

④国会議員間の自由討議の活性化

現状では、法案審議がないと委員会がほとんど開かれないケースが多いのですが、テーマを決めて積極的な議員間討議の促進を行うべきです。超党派的な合意形成をする上でも、自由討議の活性化は有意義です。

⑤女性議員が活躍しやすい環境の整備

議員活動では、国会と選挙区を行き来します。とくに子育て中の女性議員は、子育てとの両立に悩んでいます。そこで、国会審議中の子どもの一時預かりなど保育サービスの充実を提案しました。

⑥党首討論のあり方の見直し

現在の党首討論の時間は四五分。小さな政党には数分しか時間配分されません。さらに、いつ開かれるかも決まっていません。時間を二時間程度に延ばし、定期的に開催するようにルールを改善するべきです。

⑦首相の解散権の制約

イギリスでは二〇一一年、議会任期固定法を制定し、下院の三分の二の議決がある場合を例外として、首相の恣意的な解散は許されなくなりました。安倍総理は自分の都合の良いときに突然、解散することを繰り返してきましたが、これでは不公平な条件の下での選挙になりかねません。政党間の覚書といった形で、首相の解散権に制約を加える運用に改めるべきです。

ちなみにドイツでは、予算委員会の委員長を野党が務めています。与野党のバランスを取った議論を大事にしているからだと思います。

イギリスでは、野党第一党のことを「女王陛下の野党」といいます。将来の政権を担う政党として尊重されているのです。そして、調査などに使う予算も野党に多く配分されています。

先進国の多くでは、与野党がフェアで緊張感を持った政治をつくり出すために、野党を育てるという有権者の意識があります。そのことが国民のためになる、というコンセンサスが社会にあるのです。

「弱小野党」とか「腰抜け野党」とさげすむことは簡単ですが、それは有権者がみずから政治を貶めることにつながるのではないでしょうか。

行政府（政府）と立法府（国会）との緊張関係を保ち、与党と野党がお互いの立場を尊重し、オープンで公平な議論が展開できる、そんな国会を実現する。
これこそ、国対委員長の本分なのです。

特別対談　立法府をまもるために

山崎　拓×辻元清美

山崎 拓（やまさき・たく）

一九三六年、現在の中国・大連市生まれ。早稲田大学第一商学部卒業。七二年に衆議院議員に初当選。当選一二回。防衛庁長官、建設大臣、国対委員長、自民党政調会長、幹事長、副総裁などを歴任。九〇年ごろから自民党の経世会支配を批判し、加藤紘一、小泉純一郎とともに「ＹＫＫ」を結成し活躍。二〇一二年に引退を表明、近未来政治研究会（山崎派）の会長を辞任し最高顧問に就任。著書に『ＹＫＫ秘録』（講談社）、『憲法改正』（生産性出版）など。

かつての自民党は懐が深かった

辻元　この本には数えてみると、山崎先生のお名前が三か所、出てくるんです。森山国対委員長と質問時間でもめていたときのこと、覚えていらっしゃいますか？

山崎　ええ、よく覚えています。

辻元　先生の事務所をお借りして電卓を片手ににらめっこしていたら、先生が会食から帰ってこられて「こんなところで国対委員長同士がこそこそ話し合いをしているのか」「自民党も情けをもって野党に時間をうんとやったほうがよい」とおっしゃったんです。そして先生はジャケットを脱ぎデスクに座って、勉強を始められました。夜遅く会食から帰ってきて、まだ勉強するんだ、すごいと思いましたね。私たちもっと頑張らなければと身が引き締まりました。

山崎　思えば、辻元さんとは長い付き合いになりますね。自社さ政権で初当選されて、その後、社民党の政調副会長に就任された。そのとき私は自民党の政調会長で、与党三党間の政策調整を担当していました。

辻元　私は社民党の政調副会長で、政調会長のお付きとして三党の政調会長会議に出席していました。そのとき、初めてお目にかかったと記憶しています。

山崎　そうでしたね。非常に熱心に議論を聞いておられたのを、よく覚えています。

辻元　正直に申し上げると、山崎先生とは「水と油」だと思っていたんです。当時、先生は改憲派の中曽根派に属していて、防衛庁長官も経験されていた。私がピースボートなら、先生は「軍艦」だと思っていました（笑）。ですから、初めてお会いしたときはすごく怖かったという印象があります。

山崎　安全保障の担当だったから、そういうイメージで見られていたのでしょう。

辻元　ところが、私たちがNPO法、情報公開法、環境アセスメント法、男女共同参画社会基本法といったリベラルな政策を、なかば諦めつつも提案すると、非常に丁寧に話を聞いてくださったんです。びっくりしましたね。それまで抱いていた「タカ派のヤマタク」というイメージが、ガラッと変わりました。それくらい、当時の自民党は懐が深かったと思います。異なる意見、異なる思想を受け止める力がありましたよね。

山崎　そうかもしれません。自社さ政権下では、自民党だけで過半数を取ることができなかったという状況もあるでしょうが。

辻元　社民党が離れたら、一気に過半数割れしてしまいますからね。かなりサービスもしてくれたのでしょう。

自社さ政権で国対委員長に

辻元　山崎先生は一九九五年一月から一〇月まで、国対委員長を務めていらっしゃいますね。村山政権下で、阪神・淡路大震災があった年です。当時の国対委員長の役割は、現在とだいぶ変わっていると思うのですが、どのような感じだったのでしょうか。

山崎　かつての国対委員長の役割は、与党である自民党と、社会党を中心とする野党間の調整でした。ところが自社さ政権になって、与党内の調整という役割が生じたわけです。当時の社会党は、率直に言わせてもらうと、自民党の国対におんぶに抱っこでした。社会党政権ではあるけれども、国会運営については「自民党さん、お願いします」といった状況でした。

辻元　そのとき先生は、住専（住宅金融専門会社）問題などで、新進党とたたかっていましたよね。あちらの大将は小沢一郎さんでしたから、かなり激しい攻防があったと思います。小沢さんはものすごい剛腕で、バリケードを張ったりと実力行使も辞さない人です。それを国対委員長としてどう突破していくか、相当なエネルギーが必要だったと思います。

山崎　当時の国対委員長は、党三役に次ぐポストでした。ところが今は、選対委員長とかよくわからないのがあって、形の上では七役にも入っていない。ところが実権は、ものすごく持っているんです。国会運営は国対委員長に丸投げですよ、みんな。今は「官高党低」ですが、党の中で一番力を持たされているのは森山国対委員長なんです。実際は、森山さんの上に幹事長がいるけれども、二階さんという人は森山さんを全面信頼。なんでも「良きに計らえ」で、森山さんに丸投げですよ。

辻元　私は森山国対委員長といろんな交渉をしてきましたが、森山さんは安倍さんの派閥ではありません。私の印象では、森山さん、二階さん、菅さんのトライアングルで取り仕切っていたという感じでした。「世襲グループ」ではなく、「たたき上げチーム」という感じ。そういう意味で、私と波長はかみ合っていました。政府サイドも予算・法案を国会提出したら、その三人に全面依存している。

国対委員長は「人間性」が問われる

山崎　辻元さんは、野党を代表する国対委員長を務めたけれども、辻元さんが辛かったのは、野党がバラバラだったということですね。与党とたたかう前に、まず野党をまとめなければいけない。まとまったとしても、数で圧倒的に負けている。その中で、よく健闘されたなと思います。

辻元　精神も体力もすり減りました。

山崎　不利な状況で、立派に務め上げられたのは、辻元さんの人間性によるものだと思います。森山さんは「辻元さんには情がある」と言っていました。「理屈ばかり言うように見えるけれど、そうではない。情理をわきまえている人だ」と。その人間性を非常に高く買っていたからこそ、森山さんは辻元さんの立場をできるだけ理解して、高圧的に力で押し切ることを避けていたように思います。

先ほど話に出た、質問時間の問題にしてもそうです。官邸や党内の手前、森山さんも言うべきことは言うけれども、最終的には五〇歩も一〇〇歩も譲って、落としどころを見つけています。これは政治的な駆け引きともいえますが、同時に人間性の問題も深く関係しています。相手が辻元さんでなければ、こうはならなかったかもしれない。国対委員長というのは、誰が当事者なのかによって、ずいぶん変わってきますね。

辻元　確かに国対委員長というのは、他のポストと比べて、対峙する党と接する機会が多いですね。幹事長同士でさえ、最近ではほとんどコミュニケーションは取りません。そうなると、誰が国対委員長をやるのかということが、政治全体にまで大きく影響してくるわけです。お互いの「相性」が合わなかったら決裂して終わりみたいなことだってありますよね。

その意味で国対委員長という仕事は、山崎先生のおっしゃるように、自分の人間性が問われるポジションだと思いました。対峙する党だけでなく、身内からもいろんな注文をつけられるわけです。一〇〇％、こちらの要求を通すことはできませんから。でも、身内から信頼してもらえないと、強い国対委員長には決してなれません。

山崎　国対を経験すると、非常に多くのことを学べると思います。私は国対委員長を仰せつかる前、国対副委員長兼、議院運営委員会の筆頭理事を長く担当していました。このようにかつての自民党では、副委員長や補佐といった形で、若手のころから国対を経験させていました。その経験を通して、国会運営を学んでいったわけです。

辻元　自民党の歴代国対委員長の中で、先生の目から見て「この人はすごかった」というのはどなたですか？

山崎　私がよく知っている人では、小此木《おこのぎ》彦三郎とかですね。

辻元　衆議院議員の小此木八郎さんのお父さんですね。

山崎　他には梶山静六、藤波孝生《たかお》もすぐれた国対委員長でした。人間性はみな違うけれども、それぞれに持ち味があって、野党と深い人脈を築いていました。

辻元　野党の国対委員長で「この人は人間としてなかなかだな」と感じた人はいますか。

山崎　社会党の田辺誠ですね。

辻元　当時、自民党の国対委員長を務めていた金丸信さんと、盟友関係を築きましたね。

山崎　金丸、田辺というのは、のちに与野党の大幹事長になりました。一緒に北朝鮮に行ったりと、国対委員長時代に築いた太いパイプは幹事長になっても続いたわけです。かつては幹事長が、きわめて強い発言権を持っていました。今は先ほど辻元さんがおっしゃったように、幹事長同士の関係が薄くなっていますね。野党に幹事長が何人もいて、しかも幹事長同士が譲らない。まとまっていません。

だからこそ、森山・辻元ラインの存在は、政治を動かす上で大きかった。かつての幹事長会談の役割を、今は国対委員長会談が果たしているのだと思います。

昔の自民党には「権力闘争」があった

辻元　官邸の意向は、昔はどの程度まで強かったのでしょうか。「言うことを聞かなければいけない」というプレッシャーなどはあったのでしょうか？

山崎　昔は官邸よりも党が強かったですからね。かつて中曽根さんが「大統領型の総理を目指す」と言ったことがありますが、それはアメリカ大統領の持つ、強大な権限がうらやましかったからだと思います。つまり、当時はそれだけ党が強かったわけです。何しろ中曽根内閣の幹事長は、金丸さんでしたから。自分の派閥の幹事長ではなかったわけです。ところが安倍政権になってから、「一強支配」という言葉があるように、官邸のほうが力を持ってしまった。それでも最近は、少し変わってきましたね。昨日（二〇二〇年六月九日）の質疑では、辻元さんにいじめられてヘナヘナっとなったり。

辻元　「口答え」しなかったですよね（笑）。

山崎　しなかった。下向いていましたよ。それくらい最近です、弱くなったのは。昨日なんて本当に、辻元さんの質問を聞いていて、えらく弱くなったなと思ったものです。

辻元　先生の『YKK秘録』を拝読すると、昔は自民党内の権力闘争が激しく、主流派・反主流派、タカ派・ハト派がやり合って、多様な人たちが自民党内で競い合っていたことがわかります。当時と比べて、今は権力闘争が少ないと感じるのですが、先生から見ていかがですか。

山崎　権力闘争は本当になくなりましたね。昨日、たまたま小泉純一郎、二階俊博と酒を飲んだんです。二階が石破茂のパーティーに、講師として招かれたそうです。彼はそれを快く引き受けた。というのも、石破にテコ入れして、石破を強くすることは、党内の活性化に必要なことだからというんです。二階はもともと田中角栄の子分だから、自民党の権力闘争時代を経験しています。「三角大福中」（三木・田中・大平・福田・中曽根）時代のように、党内に多様な勢力が存在して、それぞれが切磋琢磨《せっさたくま》することが重要だとわかっている。だから彼は引き受けたんです。

辻元　ある意味、立派なお考えですね。

山崎　ええ、大いに激励しましたよ。小泉は「他の派閥からも招かれたら行ってやれよ」と言っていました。「講師として招かれたら行くよ」と、二階は答えていましたね。かつてのように、各派閥が自主独立の体制を取るべきです。一強支配にひれ伏しているようでは、自民党はダメになります。

辻元　私は野党の立場ですが、野党は圧倒的に数で劣っています。与野党が激突する衆議院は、三分の二議席以上を与党に握られています。当然、野党も頑張らなくてはなりませんが、この現実を考えたとき、日本の政治を悪い方向に向かわせないためには、自民党内での健全な権力闘争も重要だと思うんです。それがないと、政治の緊張感はなくなってしまう。

野党の私がこういう話をするのは、情けない気持ちもあります。国対委員長という立場は、野党の可能性と同時に限界も日々思い知らされます。野党だけの力では、今の日本の政治を正常に戻すことは、なかなか難しいという現実があります。与党も野党も立法府としての役割の強化が必要だと考えています。

立法府として、行政をチェックする機能をきちんと働かせるには、安倍さんとは別の派閥が強くなり、牽制《けんせい》することが重要になってくると思うのです。失敗やおかしなことをしたら総理大臣の座をいつでも奪うぞ、という緊張感です。

山崎 小泉、二階とも昨日、話していたんですが、かつての自民党は「三角大福中」という五大派閥が政権をたらい回しにしていました。いわば自民党の中に与党と野党があって、政権交代をしていたわけです。ところが権力闘争がなくなった今、習近平やプーチン、あるいはトランプのような一強支配の政治になってしまった。これまでの政権交代は、すべて自民党が割れたり、争ったりすることで実現しました。今の自民党は割れたり、争ったりする力もなくなっている。そのことを私は懸念しています。

今の自民党の若手は「軽すぎる」

辻元 森友・加計問題から、「桜を見る会」問題、黒川弘務検事長の定年延長問題まで、安倍政権下では見逃せない問題が次から次へと出てきます。それらに対して自民党の議員は、私と個人的に話しているときは「あんなのおかしいよな」って言うんです。黒川検事長の定年延長の問題にしても、今年一月から予算委員会でずっと議論してきましたが、近くに座っている自民党の議員が「辻元さん、これは頑張ってやってよ」と言うんです。そのたびに私は、「自民党の中でやりなさいよ」とハッパをかけています。自民党の議員は、誰一人おかしいって言わなかったでしょう。

以前、小泉進次郎さんに、「国会改革って言うなら、森友おかしいじゃないか、ちゃんと真実を明らかにしろって言いなさいよ」と迫ったことがあります。「そうしたら、あなたのことを信じるわ」と。昔だったら、あんな事件が起こったら自民党内での倒閣ですよ。総理大臣、代えてしまえってなります。こうした権力闘争が起こらないのが、今の自民党です。

山崎　選挙区制度も関係しています。小選挙区制だから、自民党公認さえ取れたら文句はないんです。中選挙区制の時代は、自民党同士でたたかっていますから、総裁派閥だけが優遇されたりすると、みんなからすぐに倒されます。

辻元　政治資金として党本部から、河井案里議員側に一億五〇〇〇万円を渡し、岸田派の候補者には一五〇〇万円ほどしか渡していなかったことが発覚しました。少し前なら、こんなことがバレたら倒されますよね。

山崎　不公平の最たるものですからね。

辻元　あれは官邸がやったんですよね？　二階さんが、一人で罪をかぶっていますが。

山崎　もちろん官邸の指示ですよ。幹事長は、別に自分が河井議員をかわいがって金を出したわけではないですから。

辻元　私は小選挙区制度ができて初めての選挙で当選したのですが、これくらいの年次の議員は、戦後の日本を築き上げてきた先輩議員たちの薫陶を直接、受けているんです。もちろん、土井たか子さんもその一人です。ところが、私より下の世代になると、その教えが継承されていないように感じることがあるんです。たとえば、「魔の三回生」と呼ばれる自民党の若手がいます。ちょっと軽いと思いませんか？「風」で通ったからでしょうか。

山崎　軽いですよ、何も考えていませんから。とにかく選挙に勝って、当選回数を増やす。当選回数を増やせば、権力の源泉であるポストを得ることができる。そんな感覚だけで動いていますからね。

辻元　少し前に、山崎先生の行動に驚かされたできごとがありました。憲法違反といわれる安保法制を安倍政権がごり押ししたとき「あれだけは許せない」といって立ち上がられましたよね。労働組合の総本山である連合会館で行われた市民の反対集会に、先生が参加されたことです。「このような場所での集会に参加するとは今までは考えられなかった」とおっしゃって。

そのときすでに引退されていましたが、自民党員でいらっしゃることに変わりはありません。自民党の元幹事長であり、元副総裁である方が、連合会館での反対集会に参加されるとは、本当にびっくりしました。

自民党の防衛族で、中曽根元総理と一緒に憲法改正の運動をされてきた山崎先生から見ても、安倍政権のやっている政治は危険だと思われたのでしょう。もちろん自民党にも「これはおかしい」と、ぶつぶつ言う人はたくさんいます。でも、ほとんどの人は口だけです。しかし先生は行動で示されました。あのときは、居ても立ってもいられなかったのでしょうか？

山崎　日本の防衛力というのは、専守防衛なんです。にもかかわらず、攻撃性を持たせようとした。それと、自衛隊の海外派兵を容認したことが問題ですね。これでは日本の防衛政策が狂ってしまいます。

私は防衛担当として、専守防衛を守ってきました。攻撃能力を持たせて、海外侵略をするという構えをつくってしまえば、諸外国からの信頼は失われます。よく「それでは中国からなめられる」などと言う人もいますが、なめられてもいいんです。とにかく専守防衛主義を守ることと、二度と戦争をやらないこと、軍事大国にはならないこと。今まで位置づけてきたことを少しでも崩すと、将棋倒しになっていきますから。

辻元　山崎拓という「生涯政治家」が、自民党の重しとしての役割を果たしていただきたいと改めて思います。先生がこうした考え方をお持ちなのは、戦争を体験されていることが大きいのかなと思うんです。自民党に今、戦争を体験されている現役議員はいらっしゃるのでしょうか。

山崎　野田毅《たけし》さんは一九四一年生まれですから、体験していえばしていますね。二階さんは一九三九年生まれですから、戦争体験をしているといえるでしょう。

辻元　自民党にはもう、あまりいらっしゃらないですね。となると二階さんは、今の政治にとって大切な方ですね。

山崎　だから二階さんは、わりと平和主義ですよ。

辻元　はい、そう感じます。敗戦の年に生まれた森山さんも、やはり平和主義です。憲法九条を変える、変えないの話が出たとき、「私はノンポリですから」とおっしゃっていたのを覚えています。

「辻元清美は国会のジャンヌ・ダルクだ」

辻元　この本の中では、「立法府をまもる」ということを強く訴えています。先生も危機感を覚えていらっしゃると思うのですが、いかがですか?

山崎　立法府をまもるためには、やはり野党を強くしなくてはなりません。与党が圧倒的な数を持つと、政府の言いなりになんでも通してしまうようになる。政府の下請けみたいになるんですよ。そもそも今は、法案が政府提案ばかりですからね。今のような政府提案がまかり通っているときは、野党を強くしておかないと。

検察官の定年延長法案がいい例でしょう。あんなむちゃな法案でも、野党が弱いと通ってしまうんです。今回、たまたま多くの人の声とスキャンダルが出て阻止できたけれども、本来なら野党の力で阻止しなくてはいけません。逆にいうと、野党に阻止する力がない、と政府が判断したから、こんな法案が出てきたと思うんです。

辻元　以前ならあんな法案は、自民党の総務会も通らなかったですよね。自民党の中のチェック機能も働いて、ブレーキを踏む人たちがいたわけです。今はそのブレーキが壊れてしまって、安倍さんや安倍さんの取り巻き、官邸官僚といわれる一部の官僚、それから安倍さんと同じ思想を持つ人たちが好き勝手できる政治になっています。

ブレーキ役を果たす立法府を立て直すことが、今のおかしな政治を変えることにつながるし、立法府を立て直すためには、与党内の権力闘争をしっかり復活していただくこと、そして野党も大同団結して強くなっていくことが急務です。

山崎　与党も昔のように群雄割拠になればいいのですが、ちょっと自民党には期待できないところがあります。ですから二〇一二年以降、野党が力を失ってバラバラになってしまったけれども、今こそ野党が立ち直るべきときなんです。ところが、どうしてもまとまらない。強力なリーダーが野党にいないということが、今の立法府を弱くしていると思うんです。自民党もダメだけど、野党もダメだから、今の政府権力の状況にいたっている。

辻元　野党をまとめて強くする。それをやるのはなんのためかというと、国民のためなんです。不正義とか、不平等とか、えこひいきとか、そういうことがまかり通る政治が続けば、社会全体がおかしくなります。

このようなインチキを見せつけられたら、子どもたちはどう思うか。政治家がそういうことをしているなら、自分たちもインチキをしていいんだと思うかもしれません。直接的な経済的損失よりも、社会全体がおかしくなることを懸念しています。今は「一兵卒」として国会の論戦の前線に立っていますが、リーダーシップもしっかり発揮できる政治家にならなければいけないなと。

山崎　両方いけるんじゃないですか。昨日の国会質問を聞いていて、政権批判の第一人者として活躍されるのもいいと思いましたが、国対委員長を経験して、人をまとめることも苦労して身につけてこられた。その意味で、辻元さんは貴重な人材だと思います。国会のジャンヌ・ダルクのような存在として、ますますの活躍を期待しています。

（二〇二〇年六月一〇日）

おわりに

新型コロナウイルスが世界中を震撼《しんかん》させています。

命と暮らしと仕事の危機におびえる日々。

ご家族に犠牲者が出た人、廃業に追い込まれた人、解雇された人、学費が払えなくなった人、ストレスで体調を崩した人、ＤＶ被害にあった人……。

否応なく変えざるを得なくなった日常や働き方や学び方の模索が続いています。

今までの経済のあり方や社会の姿が通用しなくなり、その先のビジョンもまだ見えていません。まるで長いトンネルの中を彷徨《さまよ》っているようです。

コロナ禍から何を学び、これからどう活かしていくのか。

コロナ後の社会、経済、生き方をどのように変革し守っていくのか。

「ポストコロナ」の社会像と政治のあり方はどうあるべきか。


今回のコロナ禍は自然が人間に警告を発しているのではないか、と私は感じています。

国立環境研究所の五箇《ごか》公一氏は、「温暖化を引き起こしている人間活動そのものが生物多様性を劣化させ、新型コロナの逆襲を受けている」（「オルタナS」二〇二〇年四月二二日配信）と指摘しています。

これまで世界中が、経済のグローバル化をイケイケドンドンで進めてきました。グローバル神話の中で、地球環境に負荷をかけ続け、格差が広がり続けてきたのです。日本もそのチェーンの中にいます。

この世界のありようをまず、見直さなければなりません。

コロナ禍で打撃を受けた経済を立て直すため、世界各国は躍起になっています。そんな中、欧米では新型コロナによる経済打撃に対応した政策の中で、ＥＳＧ（環境・社会・統治）重視の考え方を打ち出す国が出てきています。

ドイツのメルケル首相は、「（コロナ後の）景気刺激策を打ち出す際には、気候保護の視点がより重要になる」（「毎日新聞」二〇二〇年五月二七日）と釘《くぎ》を刺すような発言をしています。

フランスのマクロン大統領は、企業への支援の基準について環境重視を打ち出しました。たとえば、航空大手の救済条件として、ＣＯ２排出量の削減を求めたのです。

カナダのトルドー首相は、石油・ガス業界の雇用を守りつつ、融資によって企業にメタン排出を抑える設備の導入を促しています。コロナ危機への対応を、他の課題を解決する機会として活かそうとしているのです。

一方、日本はどうでしょうか？　コロナ禍で、むしろ経済や社会の脆弱《ぜいじやく》性が露見したのではないでしょうか。アベノミクスは「砂上の楼閣」だったのです。

アベノミクスの成長戦略は、観光政策やカジノ、原発輸出でした。たくさんの外国人が日本を訪問し、観光や交流を楽しむことで日本各地が潤い景気を牽引していくのは、もちろんいいことです。私は国土交通副大臣のときに観光政策の責任者を務め、富裕層に限られていた中国人などのビザ要件緩和や、関西空港へのＬＣＣ（格安航空会社）導入を実現するなど、特にアジアからのインバウンド政策を大きく進めました。

しかし、反省しなければならないと思うのは、足元をしっかり固めていなかったことです。外国からの感染症の侵入を防ぐための防疫体制がおざなりにされていたのです。

総務省は二〇一七年、「感染症対策に関する行政評価・監視」という勧告を出しました。外国人観光客の増加による感染症対策の必要性はすでに指摘されていたのです。にもかかわらず、安倍政権はその後も対策を放置してきたのです。

今や感染症対策は人々の命と暮らしを守る「安全保障政策」であることが明らかになりました。外からのウイルスの侵入を防ぐための水際対策の強化は急務です。さらに、いざ感染症が発生したときの素早い検査（攻めの検査）と隔離体制の強化も急がねばなりません。

少し前に、路上で死亡している人が発見され、検査をしたら感染が判明したという痛ましいことが起こりました。私は愕然としました。これが先進国といわれた日本の実態なのです。「感染症にかかったかも」と感じたら、すぐに検査を受けることができる。そして、早期発見、早期隔離。今後、他の感染症が広がっても対応できるように、この体制を構築することは何よりも大事です。

「小さな政府」「官から民」と取り憑《と》《つ》かれたように保健所などの公的な組織や人員をどんどん削ってきた日本は、いつの間にか主要国で一番「小さな政府」になっていました。人口一〇〇〇人あたりの公的部門の職員数（防衛を除く）は三五人。米国や欧州主要国より、四～六割も少ないのです。検査も少なく、各種支援金の給付も遅い。公的部門へのマンパワー不足で、危機への対応力を失っていたのです。

コロナ危機の場合も、地震などの災害の場合も、「みんなのために」働く公務労働者が大事になります。「小さい」とか「大きい」ではなく、「適切な」政府をつくり直さなければなりません。

農業も深刻です。これまで日本は農産物のブランド化や海外展開には力を入れてきました。日本のリンゴが中国で何万円もの高値で売れているというニュースを聞いて驚いた方もいるでしょう。

しかし、食糧自給率は落ちています。にもかかわらず、安倍政権はＴＰＰ（環太平洋パートナーシップ協定）によって安い外国の農作物や畜産物の輸入を推し進めました。「これでは日本の農家や畜産家が潰れてしまう」という反対の声を押し切ったのです。自分の国の食糧は自分の国でまかなうという、もっとも大事なことがおろそかになっていたのです。

それだけではありません。農業従事者の高齢化問題が未解決なまま、結局は外国人技能実習生だのみになっています。そして、さらに外国人労働者を増やそうと、十分な審議をせずに入国規制の緩和を強行したのも安倍政権です。

「低賃金の外国人労働者だのみ」を推し進めた結果、コロナ禍で外国人が入国できず、農業の現場は収穫期を前に人手不足に陥っています。自分の国で食べるものは極力自分の国でつくる、という原点に立ち返らなければなりません。

同時に、今回のコロナ危機で弱い立場にある外国人が真っ先に仕事を失い、支援もなく苦しむ状況も生まれています。外国人労働者を使い捨てにするようなこれまでのやり方では、今後日本のために力を貸してくれる人たちがいなくなります。多文化共生社会への意識変革が必要です。

極めつけは、アベノミクスの成長戦略の目玉、カジノです。

コロナ禍で、世界のカジノ王といわれるラスベガス・サンズのシェルドン・アデルソンCEOが日本進出を断念すると表明しました。このアデルソン氏はトランプ大統領の大口献金者で、安倍総理はカジノ解禁をトランプ大統領から要請されたのではないか、と国会で追及されました。

カジノ誘致をめぐる口利き疑惑で自民党の国会議員が逮捕される事件も起こっています。「日本では、賭博は持統天皇のときから禁止だった」という野党からの指摘もありました。しかしここでも、安倍総理はカジノ解禁を強行採決したのです。

ギャンブル依存症の問題も今回のコロナ禍で露見しました。外出自粛中も営業しているパチンコ店を探し当てて、朝から開店を待って人がズラリと並んでいた光景に驚かされました。飲み会や旅行は自粛できても、パチンコは我慢できない人たちがこんなにいるのかしら？　すべての人がそうだとは思えませんが、ギャンブル依存症との関連が心配です。

もともと、無理があったのです。賭博を民間に解禁すればギャンブル依存症の問題も深刻化します。また、地域の活性化どころか、カジノ一極集中のせいで周辺の観光需要が収縮したという海外レポートもあります。コロナ禍で経済難に陥って、外資も撤退しようとしている今、カジノ解禁を成長戦略だといって深追いするべきではありません。

日本にカジノはいりません。本来の日本の良さが壊されてしまいます。立ち止まって考え直す、いい機会にするべきです。


コロナ後を見据えて、今までの政策を「棚卸し」しなければなりません。税金の使い道の優先順位も変えるのです。

財源には限りがあります。そこで、私は「国策」ともいえる二つのビッグプロジェクトを見直さなければならないと考えています。

一つ目は、辺野古の新基地建設です。イージスアショア（陸上配備型迎撃ミサイルシステム）については「六〇〇〇億円のムダ使い」と私たち野党が指摘し続け、配備断念に至りました。

次は、いくらかかるかわからない沖縄の米軍基地建設です。

建設予定地では、軟弱地盤も発見されています。およそ七万七〇〇〇本の砂の杭《くい》を打ち込む、地盤改良工事が必要だというのです。

防衛省による有識者の技術検討会では、今年になって防衛省の提出資料に二〇か所の誤りがあることが判明しました。昨年三月に国会提出した資料に、防衛省の説明より深い場所にも軟弱地盤がある可能性を示すデータがあり技術的に不可能だとの指摘が出ているのです。「調査が十分とはいえない状況で、設計変更しても構造物を安全に建設することはできない。崩壊する恐れがある」と、地盤工学の専門家から懸念の声があがっています。

総経費は九三〇〇億円、当初の二・七倍です。これからもふくれ上がる可能性大で、辺野古の新基地建設はいくらかかるのか、いつ完成するのかわからないのです。

工事は技術的にも政治的にも実現が遠のいています。巨額の費用を投じ県民の理解を得ないまま強行する合理性はなくなりました。

そもそも、イージスアショアや新基地建設といった重厚長大の防衛政策の発想は古い。今はサイバー対応に力を入れる時代です。一〇年先、二〇年先になるかもわからない。それも、できるかどうかわからない。そんなことに固執するより、医療や災害対応などいくらお金があっても足りない分野に税金を使うほうが、みんな納得できるはずです。

今ある危機に対応する。そのために税金を使う。生き延びることを最優先するべきです。

二つ目は、核燃料サイクルです。こちらもブレーキを踏むときがきました。ウラン資源には余裕があり「限りある資源の有効活用」という大義は色あせました。すでに米国や英国は核燃料サイクルから撤退しています。

「もんじゅ」は事故によって廃炉となり一兆円以上の経費がムダになりました。青森県六ヶ所村の再処理工場は着工から二七年たっても、まだ試運転さえ成功していません。

当初は核燃料サイクル全体で一兆円の予算でしたが、再処理工場だけに三兆円かけても運転成功の見通しが立っていないのです。この先、総事業費は一四兆円近いと試算されています。これを私たちの電気代に上乗せするのでしょうか。

普通の原発ですら発電コストが上がり競争力を失いつつあります。世界中が「純国産エネルギー」の太陽光や風力といった再生可能エネルギーへ転換しています。脱原発しか生き延びる道はありません。

今回のコロナ禍を、既存の政策の見直し、政策の「棚卸し」をする機会ととらえて、ポストコロナ時代に必要な政策かどうか再点検するべきです。足元を固めた経済、身の丈に合った経済、そして「税金を払っていてよかった」と実感できる政治への転換をしていきたいと思います。

本書の出版の提案は、二〇一九年の秋にいただきました。そのころは、世界中がコロナ禍に襲われるとは夢にも思っていませんでした。

世界は一変しました。しかし、本書の企画は変えることなく進めることにしました。政治のありようを変えるためにも、現状や問題点をありのままに知っていただくことから始めなければならないと考えたからです。

本書をまとめる作業はコロナ危機の渦中に行いました。執筆と並行して、私は自分の生き方や価値観を見つめ直してみました。「思い」と「感性」と「考え」を、ブクブクと「発酵」させるような感覚でした。

「共生」「包摂」「持続可能性」を基本に据えた社会をつくる。そのための政治の役割を考え行動していく。生まれ変わった気持ちで、社会の設計図を描き変え、未来への責任を果たしていく。そんな思いを、改めて胸に刻みました。

本書を出版するにあたって、登場する政治家の方々から「こんなことを書いてけしからん」とお叱りを受けるかもしれない、との一抹の心配があります。失礼がありましたら、どうかご容赦ください。

編集部の藁谷浩一さんと石井晶穂さんには私の執筆に併走してくださったこと、お礼を申し上げます。

そして、最後まで読んでくださったあなたと一緒に、「政治を変えたい」と願っています。

二〇二〇年八月　コロナ危機の渦中で

辻元清美

辻元清美（つじもと　きよみ）

一九六〇年奈良県生まれ、大阪育ち。衆議院議員（大阪一〇区）。早稲田大学在学中に国際NGO設立。一九九六年、衆議院選挙にて初当選。二〇〇〇年ダボス会議「明日の世界のリーダー一〇〇人」に選出。連立政権で国土交通副大臣、災害ボランティア担当内閣総理大臣補佐官就任。二〇一七年一〇月、立憲民主党の結党時より同党の国対委員長を二年間務めた。立憲民主党幹事長代行、衆議院憲法審査会委員、NPO議員連盟共同代表。著書に『いま、「政治の質」を変える』『デマとデモクラシー』など。

国《こく》対《たい》委《い》員《いん》長《ちょう》

二〇二〇年九月二二日　第一刷発行

集英社新書一〇三六A

著者……辻元清美《つじもときよみ》

発行者……樋口尚也

発行所……株式会社集英社

東京都千代田区一ツ橋二-五-一〇　郵便番号一〇一-八〇五〇

電話　〇三-三二三〇-六三九一（編集部）

〇三-三二三〇-六〇八〇（読者係）

〇三-三二三〇-六三九三（販売部）書店専用

装幀……原　研哉

印刷所……凸版印刷株式会社

製本所……ナショナル製本協同組合

定価はカバーに表示してあります。

ISBN 978-4-08-721136-8 C0231

Printed in Japan

政治・経済——A

a pilot of wisdom

社会――B

「富士そば」は、なぜアルバイトにボーナスを出すのか　丹　道夫
男と女の理不尽な愉しみ　林　真理子／壇　蜜
欲望する「ことば」「社会記号」とマーケティング　嶋　浩一郎／松井　剛
ぼくたちはこの国をこんなふうに愛することに決めた　高橋源一郎
ペンの力　浅田　次郎／吉岡　忍
「東北のハワイ」は、なぜＶ字回復したのか　スパリゾートハワイアンズの奇跡　清水　一利
村の酒屋を復活させる　田沢ワイン村の挑戦　玉村　豊男
デジタル・ポピュリズム　操作される世論と民主主義　福田　直子
戦後と災後の間――溶融するメディアと社会　吉見　俊哉
「定年後」はお寺が居場所　星野　哲
ルポ　漂流する民主主義　真鍋　弘樹
ルポ　ひきこもり未満　池上　正樹
中国人のこころ「ことば」からみる思考と感覚　小野　秀樹
わかりやすさの罠　池上流「知る力」の鍛え方　池上　彰
メディアは誰のものか――「本と新聞の大学」講義録　一色　清／姜　尚中　ほか
京大的アホがなぜ必要か　酒井　敏
天井のない監獄　ガザの声を聴け！　清田　明宏

限界のタワーマンション　榊　淳司
日本人は「やめる練習」がたりてない　野本　響子
俺たちはどう生きるか　大竹まこと
「他者」の起源　ノーベル賞作家のハーバード連続講演録　トニ・モリスン
言い訳　関東芸人はなぜＭ-１で勝てないのか　ナイツ　塙　宣之
自己検証・危険地報道　安田純平　ほか
都市は文化《アート》でよみがえる　大林　剛郎
「言葉」が暴走する時代の処世術　太田　光／山極　寿一
性風俗シングルマザー　坂爪　真吾
美意識の値段　山口　桂
ストライキ2.0　ブラック企業と闘う武器　今野　晴貴
香港デモ戦記　小川　善照
ことばの危機　大学入試改革・教育政策を問う　東京大学文学部広報委員会・編
国家と移民　外国人労働者と日本の未来　鳥井　一平
ＬＧＢＴとハラスメント　神谷　悠一／松岡　宗嗣
変われ！　東京　自由で、ゆるくて、閉じない都市　隈　研吾／清野　由美
東京裏返し　社会学的街歩きガイド　吉見　俊哉

哲学・思想——C

a pilot of wisdom

- 冷泉家 八〇〇年の「守る力」　冷泉貴実子
- 世界と闘う「読書術」 思想を鍛える一〇〇〇冊　佐高 信／佐藤 優
- 心の力　姜 尚中
- 一神教と国家 イスラーム、キリスト教、ユダヤ教　内田 樹／中田 考
- 伝える極意　長井鞠子
- それでも僕は前を向く　大橋巨泉
- 体を使って心をおさめる 修験道入門　田中利典
- 百歳の力　篠田桃紅
- ブッダをたずねて 仏教二五〇〇年の歴史　立川武蔵
- イスラーム 生と死と聖戦　中田 考
- 「おっぱい」は好きなだけ吸うがいい　加島祥造
- アウトサイダーの幸福論　ロバート・ハリス
- 科学の危機　金森 修
- 出家的人生のすすめ　佐々木 閑
- 科学者は戦争で何をしたか　益川敏英
- 悪の力　姜 尚中
- 生存教室 ディストピアを生き抜くために　内田 樹／光岡英稔
- ルバイヤートの謎 ペルシア詩が誘う考古の世界　金子民雄
- 感情で釣られる人々 なぜ理性は負け続けるのか　堀内進之介
- 永六輔の伝言 僕が愛した「芸と反骨」　矢崎泰久・編
- 淡々と生きる 100歳プロゴルファーの人生哲学　内田 棟
- 若者よ、猛省しなさい　下重暁子
- イスラーム入門 文明の共存を考えるための99の扉　中田 考
- ダメなときほど「言葉」を磨こう　萩本欽一
- ゾーンの入り方　室伏広治
- 人工知能時代を〈善く生きる〉技術　堀内進之介
- 究極の選択　桜井章一
- 母の教え 10年後の『悩む力』　姜 尚中
- 一神教と戦争　橋爪大三郎／中田 考
- 善く死ぬための身体論　内田 樹／成瀬雅春
- 世界が変わる「視点」の見つけ方　佐藤可士和
- いま、なぜ魯迅か　佐高 信
- 人生にとって挫折とは何か　下重暁子
- 全体主義の克服　マルクス・ガブリエル／中島隆博

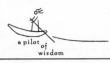

ことばの危機 大学入試改革・教育政策を問う
阿部公彦／沼野充義／納富信留／大西克也／安藤 宏
東京大学文学部広報委員会・編 1024-B
「実用性」を強調し、文学を軽視しようとする教育政策はいかなる点で問題なのか。東大文学部の必読講演録。

国家と移民 外国人労働者と日本の未来
鳥井一平 1025-B
技能実習生に「時給三〇〇円」の奴隷労働を強いる日本社会が、持続可能な「移民社会」になる条件を解説。

「慵斎叢話」15世紀朝鮮奇譚の世界
野崎充彦 1026-D
科挙合格官僚・成俔が著した、儒教社会への先入観を打ち破る奇異譚を繙く、朝鮮古典回帰のすすめ。

LGBTとハラスメント
神谷悠一／松岡宗嗣 1027-B
いまだに失言や炎上事例が後を絶たない分野の「よくある勘違い」や「新常識」を実践的に紹介する。

変われ！ 東京 自由で、ゆるくて、閉じない都市
隈 研吾／清野由美 1028-B
コロナ後の東京はどう変わるのか。都市生活者に「小さな場所」という新たな可能性を提示する。

「生存競争《サバイバル》」教育への反抗
神代健彦 1029-E
低迷する日本経済を教育で挽回しようとする日本の教育政策への、教育学からの反抗。確かな希望の書！

谷崎潤一郎 性慾と文学
千葉俊二 1030-F
谷崎研究の第一人者が作品を詳細に検証。魅惑的な女性の美しさを描き続けた作家の人生観に迫る。

英米文学者と読む「約束のネバーランド」
戸田 慧 1031-F
気鋭の研究者が大ヒット漫画を文学や宗教から分析。大人気作品の考察本にして英米文学・文化の入門書。

全体主義の克服
マルクス・ガブリエル／中島隆博 1032-C
世界は新たな全体主義に巻き込まれつつある。その現象を哲学的に分析し、克服の道を示す画期的な対談！

東京裏返し 社会学的街歩きガイド
吉見俊哉 1033-B
周縁化されてきた都心北部はいま中心へと「裏返し」されようとしている。マップと共に都市の記憶を辿る。